河出文庫

# バッハ
〈増補版〉

吉田秀和



河出書房新社

# バッハ〈増補版〉◉目次

# バッハ

〈増補版〉

# バッハの「数と神秘」

ヨーハン・セバスティアン・バッハは今から三百年前の三月二一日に生まれた。今月はそれに因んで、バッハについて書こう。ただし学術論文でも伝記でもないのは、いつもの通りである。

私は商売柄いろいろな音楽と音楽家の話を書いてきたが、バッハとなると、その名や作品にふれるのは始終だけれど、正面からとりあげるのはなるべく避けてきた。バッハだけは、書こうとすると、何かがすくむのである。

バッハは私にとって——私だけではあるまいが——音楽の根元にいちばん近くにいて創造の営みを続けていた存在であり、私は自分の中に、そういう存在に向かって、自分の貧しい言葉を直接当てるのをためらわずにいられないもののあるのを感じる。

これはバッハを神様扱いするのとは違う。私も現代の人間の例にもれず、個人を神聖視する気になれない。にもかかわらず、私は「バッハは書けない」と思い、自分の中にまだ何ものかに関するタブーがあるのを確認する。

人はよく「音楽は言葉では写せない」という。私はそんなことを考えたことがない。どこまでできるか、何ができないかは別として、私はただ自分に与えられた力をつくして、音楽について書くのに努めるという一生を送ってきた。しかし、私は「音楽とは何か?」といった類のものを書くことはしなかった。「それはバッハを聴けばわかる」。これが私の答のほとんどすべてであった。

では、バッハを聴くと、何がわかるか? 「音楽の肉体は踊りであり、音楽の神髄は数と神秘だ」ということがわかるのである。

私にバッハを初めて教えてくれたのも母だった。母は私にバッハの《インヴェンション》をくり返し弾くことを教えてくれた。これはピアノの初心者の教則本のようなものだが、それと同時にこれは最上の音楽の一つである。子供の私にもはっきりわかる形をした一本の線から始まって、限られた数の比較的単純な音のグループが歩いたり踊ったり、歌ったり話しあったりするのを追ってゆくうち、整然たる秩序の生まれる現場に立ち会うことになる小さな曲たちを集めたものである。

バッハでは——変奏や何かを除けば——一つの曲は総じてたった一つのリズムのパターンに乗って展開される。簡単に言って、それは三拍子、四拍子その他の踊りのリズムを土台としている。事実、バッハは数多くのダンス音楽を基本に作曲したのであって、これが彼の音楽とそのあとに来たハイドンやベートーヴェンといった人たちの音楽との決定的な違いである。

ハイドンやモーツァルトにはまだメヌエットとかコントラダンスといった踊りのリズムをそのまま使った音楽があるけれど、それでも彼らの仕事を代表する大作、名作は、そういうものでなくなり、一つの曲の中で幾通りものリズムのパターンによった音型が出たり入ったり、交代したりしながら前進するものになった。このことが、音楽をきまりきったリズムをもつ踊りの伴奏から解放し、精神のダイナミズムの表現としての芸術へと成熟させる大切なステップになった。

しかしバッハは、終わりまで一貫して一定のリズムのパターンの流れの中で、一曲一曲を書く。だから彼の音楽が今世紀五〇年代のジャック・ルシェの手でジャズに編曲され、広大な聴衆を得たのも筋の通った話だった。それに彼は演奏する楽器に拘束される点が極めて少なかったし、元来声楽曲として書いたものを器楽に移したり、その逆をやったりの例も枚挙に遑《いとま》がない。晩年の《音楽の捧げもの》《フーガの技法》に至っては初めから楽器の指定がない。こんなわけで、この音楽は各種各様の演奏スタイルを受け入れる余地が大きく、キリ・テ・カナワが大交響楽団の伴奏で歌おうと、あるカレル・ゴットやバーブラ・ストライサンドが電気ギターにあわせて歌おうと、あるいはモーリス・アンドレが室内楽ないしオルガン伴奏のトランペット・ソロで吹き鳴らそうと、もしくは思い切って電子音楽にしようと、バッハの音楽であることに変わりはない。

一定のリズムのパターンから出発して、それを延長したり、あと戻りしたり、音程や時間をずらせて幾重にも重ねたりしながら、彼の音楽は生き生きと前進してゆく。それは《インヴェンション》でも《平均律クラヴィーア曲集》でも変わらない。ただ、《平均律》ともなると、構造の骨子は同じでも、曲によりある霊妙なものが感知されてくるのである。

《平均律曲集》全四八曲の巻頭におかれたハ長調前奏曲など、始めから終わりまで単純な分散和音の行列という、これ以上考えられない簡明な書き方なのに、弾いている間に、ある神秘なものの影が射してくるのに気づく。それを三和音の効力、調性ハーモニーの調和と均衡の仕業と呼んでもいい。だが、それだけでは何の説明をしたことにもならないのだ。かつてのフランス六人組の一人、ダリゥス・ミヨーは「一本の単純な旋律の線を書いて、そこにハーモニーを感じさせなければならない」と言って、例としてバッハの小さなふしをあげていたけれど、そこにはまた、彼に言わせると、最高の音楽が宿っているのだった。

でも、バッハでは、実は、それはごく当たり前のことなのだ。バッハではハーモニーの未聞の豊かさが、音の流れのごく自然な流れとして書き表されている。この点で、彼は今年同じく生誕三百年を迎えるヘンデルと対蹠的だった。ヘンデルは単純な和声を使って、壮麗雄渾な音の殿堂を築き上げた。バッハは世にも複雑な和声さえ、小曲の枠の中にぴったり納めることが珍しくなかった（突飛な類比だが、それは芭蕉の俳句、杜甫の絶句にも似た、短小の形に宿る深遠微妙の世界である）。《平均律曲集》では、極度の集約性の中で、すべてが薄明の静かな世界での出来事みたいにして、最高の半音階の展開を目の当たりするといって過言でない小曲がいくつかある。

またヴァイオリンないしチェロ独奏のための組曲やパルティータの群れ。その中の例えば《シャコンヌ》では同じ原理から限りなく大きく重く、そうして輝かしい光が射してくる。若いころの私はこれを聴くと、よく聖クリストフの伝説を連想したものだった。それは芥川龍之介も書いていたあの話である。

ある嵐の夜、川の渡し守のクリストフの小屋に一人の幼児が訪ねてきて、川を渡してほしいという。逞しく広い背中の上に、軽々と幼児をのせて、川を渡り出したこの巨人は、そのうち、背中の幼児がどんどん重くなるのに気づいた。嵐はますます猛り狂い、流れはすさまじくなるばかり。ついにはさしもの巨人も力つき、すんでのことで濁流に呑みこまれそうになった。辛うじて対岸に辿りついた彼から「どうしてお前はこんなに重くなったのだ」と聞かれたとき、幼児キリストは「お前は、世の罪という罪を背負った私を背中にのせていたのだから」と答えたという。

たった四小節の小さな音楽で始まったものが、つぎつぎ変奏を経てゆくうち、測り知れないほど大きくて深い激動を映し出すに至るなどということは、バッハ以外のどこで起こり得ただろうか?

バッハの宇宙の大きさと深さ。《ロ短調ミサ》と《マタイ受難曲》はその頂点に立つ。これは西洋の生んだ最高の音楽であり、西洋文明の続く限り、それとして残るだろう(本当は、人類が死滅しない限り、と書きたいのだが)。

私がバッハについて書けるのはここまで。私は筆をおき、口をつぐんでバッハを聴く。

# ロ短調ミサ曲

1

バッハは、バッハの作品は、私にとっては、ヨーロッパ音楽のアルファでありオメガである。いや、始まり——というより土台であり、また、その最高の究極である。私にとっては、音楽を聴くということは、特にそれがヨーロッパ音楽である場合は絶対に、多かれ少なかれ、バッハの音楽を聴いているときのその経験を土台にして、聴いているといってよい。その理屈をこまかく、ここで、書くことはできない。いや、ここだけでなく、私にはいつまでたっても、できないかもしれない。だから、私は、もっと、ひらべったく「音楽とは何か？　ということを、自分はバッハの作品によって知った」と言っておけばよいのかもしれない。

バッハ以後、モーツァルトも、ベートーヴェンも、ショパンも、シューマンも、ヴァーグナーも、みんな、バッハを知ることによって、その音楽をより豊かな、より深く、より安定した、より壮麗なものにすることをさえ、学んだ。ベートーヴェンが「バッハは私たちみんなの父である」といったのは、その彼のあと一世紀にわたって続く音楽家たち、それも彼と著しく違う音楽家にとっても、そのまま、あてはまる真理だ。しかも、そういう彼らの誰も、バッハのような作品は書かなかった。だからこそ、私たちには、ベートーヴェンを、ショパンを、バッハとしてでなく聴くことが可能なのだけれども、ありようは、ショパンやモーツァルトのなかにだって、それも本質的に不可欠のところにおいて、バッハがそれを究極的におしつめたところの論理が働いているのである。

だから、バッハは、同時に、最も普遍的なものを含みながら、しかも、彼以外の誰も書かなかった音楽を書いた、ということになる。

そのバッハの音楽は、私は、みんな好きである。私には「音楽が好きだ」というのと「バッハが好きだ」というのとのあいだには違いはない。しかも私は、バッハが好きなおかげで、ベートーヴェンもブラームスもモーツァルトも好きでいられるのである。

「ではバッハの前には音楽はなかったのか？」

「バッハはその音楽の論理をどこで見つけたのか？」バッハの前にも音楽はあった。それは、私がいうまでもない。だが、その音楽が私にわかるのも、実はバッハを聴いているからである。バッハによって、音楽を聴いていると、バッハ以前の人たちがどう違うか、どう違ってもやっぱり楽しいかが、聴こえてくるのである。ということは、バッハのなかにある「音楽の論理」は彼の発見、独創ではない。彼が前の時代の音楽のなかにみつけたものだということになる。ただ、彼は、それを一つの究極にまでおしすすめたのである。その結果、それは普遍性をおびるにいたった。

これは、「西洋」の文明、西洋の宗教とか、哲学とかのなかにもある、一つの問題につながるものである。西洋哲学だけが哲学ではない。それはそうだ。だが、哲学である以上、それが成立する本質的な条件というものがなければならない。そのことを西洋哲学は、思想として表現するのに成功した。

今、しかし、西洋人もいれて、世界中の人たちは、西洋の絶対性ということにかつてのような信頼をおかなくなった。

音楽についても、そうである。音楽であるうえに、バッハの究極的な形までおしすすめた論理——多声部の楽曲での各声部進行の論理と和声法の展開——を土台としないでもゆかれることを証明しようとする「音楽」が書かれつつある状況に入ってきたようにみえる。人類は、それに成功するかもしれない。

だが、私には、たぶん、そのことさえ、バッハとの違いとつながりとしてでなければ、理解できないだろう。

## 2

いかに私が、すべてのバッハを好んでいるとはいえ、私がよく聴く曲は、そのすべてではない。私が平常いちばん親しんでいるのは《平均律クラヴィーア曲集》とか《二声のインヴェンションと三声のシンフォニーア》以下のクラヴィーア曲のたぐいであり、それを少しずつ拡大していった《ブランデンブルク協奏曲》から《フーガの技法》にいたるさまざまのたぐいの器楽曲である。

しかし、それが「私のバッハ」のすべてでは、もちろん、ない。《インヴェンション》とか、特に《平均律クラヴィーア曲集》といったものは、音楽のなかでも、まれにみるところの孤独な音楽なのだが（私の言うのは、弾き手である人間たった一人があり、聴き手は彼自身だけであるような音楽、いや、どだい聴き手というものをまったく想定していないので、結局ほかに聴き手がいてもいなくても、何の関係もなくなってしまう音楽、つまりまったくひとりぼっちの音楽という意味であって、ロマン主義者の考える「孤独」の音楽――たとえば晩年のベートーヴェンの弦楽四重奏曲のある楽章のような――のことではない）、バッハの音楽の世界は、そう孤独な音楽から、数人の親しい友だちとの集いの音楽、それからもう少し広がった社交の音楽、あるいは同じ信仰をもつ教会の仲間（Gemeinde）の音楽等々から、最後には、人間の全体を包括し、すべての人により、すべての人に向け、すべての人のためにやられる音楽、つまり一つの時代の、そうして一つの民族に限定されないという意味での世界宗教に類《たぐ》えていう場合の、世界音楽であるようなものにまでおよんでいる。

この最後の最も包括的な音楽、私には、それが、やっぱり、最高の音楽のような気がする。

バッハには、この意味での世界の音楽が、二つある。一つだけでなく、二つある。そうして、私は、この二つこそ、およそ西洋音楽の歴史を通じて創造された最高の音の建造物だと考えているのである。

その一つは《マタイ受難曲》であり、もう一つが、はじめに名をあげた《ロ短調ミサ曲》である。この二作は、西洋音楽の全地平線を貫いて、そびえたつ最高の大伽藍である。

それはちょうど、私たちが西洋に行ったとき、ギリシア、ローマの古代建築からはじまって、ロマネスク、バロック等々以下、近代、現代の諸建築のすべてを通じて、最も巨大で壮麗で、そうして崇高な建築という印象を与えるものは、結局、ゴチックの大伽藍であるようなものである。芸術史的な意味では、バッハのミサを、シャルトルのカテドラルに比べるのはきわめて不正確な話になるだろうが、壮麗と崇高を兼ねそなえた大芸術建造物という見地からいえば、こう呼びたくなるのはわかっていただけよう。それに、この両者の共通点の一つは、あれほどの天に向かって聳えたつ、目がくらむような超絶性にもかかわらず、バッハのミサも、ゴチックのカテドラルも、そのなかに入ってゆくものには、ほかに類のない親密さ、謎めいた影を包んだ不思議な親しみ深さを感じさせずにおかない部分が内蔵されているのである。

ところで、バッハの超絶的な二曲のなかで、私は《マタイ受難曲》は、これまでにほんの数回しか聴いたことがない。レコードでも初めから終わりまで聴いたのは、何度あったたか。数はおぼえてはいないが、一〇回とはならないのは確かである。私は、それで十分満足している。私は、こんなすごい曲は、一生にそう何回も聴かなくてもよい、と考えている。この曲は、私を、根こそぎゆさぶる。

それに比べると、《ロ短調ミサ》のほうは、実演でこそ、同じように三、四回しか聴いたことがないが、レコードは、ときどきかける。数年前までは、年に一度は、きっと聴いていた。

それは、前者のプロテスタント的主情性と後者のカトリック的典礼音楽的客観性との違いからくるのだろうか？　とにかく《マタイ受難曲》の感動のなかには恐ろしいものがあり、その迫真性という点からいっても、悲哀の痛烈さには耐えがたいものがある。といっても、バッハの作品だから、主情性といい、迫真性といっても、たとえばベートーヴェンやヴァーグナーのそれとは、まるで違う。けれども《マタイ受難曲》は恐ろしい音楽だ。話ももちろんのこと、レチタティーヴォが多く、全曲としてはるかに長大なのも、聴き通すことの困難さを増す。それからまた、単純にして痛切なコラールの表現性の峻厳さ。

それに対し、ミサのほうは、信仰の音楽である。それもベートーヴェンのあの「不安」を求めての凄絶な苦闘や哀願に満ちた《荘厳ミサ曲》と違い、こちらは——評家たちが口をそろえて言うように——勝ちとられた平安、神へのゆるぎなき信頼、あの尊崇の念が、大本にどっかりとすえられたうえで、築かれた大聖堂である。

「この音楽の本質は感動的な崇高さである」というシュヴァイツァーの言葉は正しい。それにもし、この曲に満ちあふれている壮麗さをカトリック的と呼ぶべきだとしたら、ここには、それに劣らないだけのまじめさというか、心情の真実を外面的なもののために犠牲にしない頑固な態度があり、それは、たぶん、ルター派プロテスタントだったバッハの信仰の在り方と深く結ばれたものなのだろう。

何というか——「比類のない真実さにうらづけられた壮麗さ」の音楽が、このミサなのだ。

3

巨大な建築には相違ないけれども、いつまでも遠くからばかり仰ぎみていないで、少しそばによって見てみようか。

すでに、この楽曲の全体の構造が、ゴチック的壮大さと崇高な堅固さをもっている。このミサが、一度につづけて書かれたものでないことは周知のとおりである。その詳しいことは、たとえば、レコードを買っても、膨大な解説書がついているほど注釈学の発達したわが日本国の読者には、不必要だろう。第一、私は、そういうことはあんまりよく知らないのである。ごくかいつまんで書いておけば、ここで、思い出しておいたほうがよいのは、この曲の原稿は全体が四つの帳面からできていること。その第一冊は〈キリエ〉と〈グローリア〉の二部がまとめられており、これは一七三三年バッハが当時のザクセン選帝侯に捧げたものだった。のち、バッハは、これに書きたしてカトリックの通常のミサにしようと考えたらしい（このミサの由来については、実は、今も完全に解けたわけではない謎が残っている）。その楽譜のほうはたぶん一七四七年から五〇年のあいだのいつか書かれたらしい（ただし、だから、そのあいだに作曲されたとは限らない）。そのなかの第一冊（つまり全体での第二分冊）は、〈クレド〉であり、帳面の表紙にはルター派式に「ニケア信条」と題されている。つづく第三分冊は〈サンクトゥス〉であり、この部分は、一七二四年のクリスマスにルター派の教会で演奏するために書かれたものをもってあてた。だから、これは第一分冊より古い作曲ということになる（ただし、書き直しがある）。ところでルター派の〈サンクトゥス〉と違い、カトリックのは、さらに〈ホザンナ〉と〈ベネディクトゥス〉が加わる。それでバッハは、新たにこの部分を補足し、さらに通常ミサの最終章であるところの〈アニュス・デイ〉と〈ドナ・ノービス・パーチェム〉を書きたして、第四分冊におさめるとともに、これをもって、全ミサを書きあげたのだった。

こういった次第だが、これは、本来なら、専門家としてでなく、音楽を聴こうという人間には、どうでもよいような話である。ただ、私が、これを読みながら痛感するのは、一七二四年（〈サンクトゥス〉）から一七三三年（〈キリエ〉〈グローリア〉）を経て、一七四七年ないし五〇年に至るあいだ、つまりほぼ四半世紀にもおよぶ作品を綴りあわせたものでありながら、その間に、出来栄えのうえからはもちろん、創造力の——何というか円熟度というか、そういう点でも、若いほうが見劣りするとかいう点のまったくないことである。事実、このミサの〈サンクトゥス〉などは、非常な傑作であり、ここからあふれでてくる音楽の雄渾にして豊麗なさま、しかも、その気品の高さは、ほかにみられないほどである。シュヴァイツァーが、「このミサのなかで崇高なるものという観念をこれほど完全に表現したものは、ほかにないだろう」と言っているのも無理はない。私は実は、こんど改めて、全曲を聴き直しながら、後年の創作の部分には――それは、バッハの死ぬ前三年から死ぬ年にかけてのことであり、このミサは、天才の手から生まれた最後の教会音楽となったのである――、ほかにみられない特別な深刻さ、あるいは、そうでないまでも何か特異な点がみられるかどうかと注意してみたのだが、はっきりつかみだし、一口にこれといえるような具合にはとてもゆかなかった。それほど、どこをとっても、むらがないのである。

バッハは、ごく若いときは別として、ある年代からは、もう大変な巨匠の域に達していたので、ベートーヴェンのように後年になってさらに一段の深化と拡充があったということはなかなかいえないようだ。

たとえば、第一九曲〈コンフィテオール〉（罪をゆるすための唯一の洗礼を信じます）の合唱は、次の〈エト・エクスペクト〉（また、私は死者のよみがえり、来世の生命を待っています。アーメン）に休みなしに続くのだが、この両者をつなぐ個所は、神秘に満ちた期待と怖れにおののくような影の多い謎めいた進行がみられる。たいていの作曲家の場合なら、こういうところは「最晩年の現世的なものをはみだした作風」とでも呼ばれてよいようなものであるが、前にふれたように、バッハがこれを書いたのは一七三三年、つまり五五、六歳だったのである。彼はそのあと、まだ、一〇年生きたのだから、そのころはまだ壮年のさかりと呼ばざるをえない。

しかし、あまり断片的に、さきまわりするのはやめよう。

私は、この大伽藍をもう少し近くに寄ってみようと書いた。あの地平線の遠くにいても、巨大な尖塔のシルエットが見えていたこの大作品は、近くで見ると、その強靭でどっしりした構造的均衡で、またしても、私たちをうたずにおかないのである。

第一章の〈キリエ〉のテクストが、「主よ、憐れみたまえ」「キリスト、憐れみたまえ」「主よ、憐れみたまえ」の三つのセンテンスからなっているので、中央を前後からとりかこむ、アーチ型の構造に作曲するのは古来伝統的な手法だった。バッハも、それにならう。第一曲はロ短調の合唱。深いところでひざまずいた大衆が神に向かって哀願する、その祈りが高く昇ってゆく。これに対し、第二曲は、ヴァイオリン・ソロの助奏をもった二つのソプラノの二重唱。親しみぶかい歩み。シュヴァイツァーは「喜ばしげな信頼に満ちた願い」と呼んだ。一般に、このミサでは——特に前半では、キリストに向かうときに「信頼」の表情が支配的であることが、すでにここに出ていること。それから、アリアのときはヴァイオリン、オーボエ・ダモーレ、フルートといった楽器がオブリガート（助奏）して、一つの独立した声部を加え、あるときはやさしい、あるときははげましとかやさしい道づれのような形で、合奏するのが通例で、それがまた、ちょうどバロックのソナタを聴くような楽しさを感じさすのである。同じことは、バッハのカンタータでもみられるが、こういう声楽と器楽が手に手をとって合奏するのを聴くのは、器楽合奏だけを聴くときと、純粋な声楽曲を聴くときとのちょうど中間にあるようなもので、まったく独特の魅惑に満ちている。こういうことがふんだんに、しかも非常に高度な音楽の形で聴けるというのも、この《ロ短調ミサ》の大きな魅力である。以下〈グローリア〉に入ってからの第五曲のアリア〈ラウダムス・テ〉（われらは主をほめたたえ）でのヴァイオリンの喜びに満ちて天空で舞うような動き、そのやさしさ。あるいは第七曲〈ドミネ・デウス〉（主よ、神よ……）のソプラノとテナーの二重唱にフルートが加わるとき。あるいは第九曲のアルトのアリア〈クイ・セデス〉（御父の右に坐したもう……）でのアルトをめぐって、響くオーボエ・ダモーレの甘美な訴えかけ。こういった個所を数えあげただけでも、私の原稿は普通の曲の場合の倍になってしまうだろう。それに前から私の注目をひいてきたのは、この種のアリアにつきもののダ・カーポ形式（初めのものを、中間に別のものをはさみ、再現させる。ＡＢＡの三部形式）をはじめとする類型的な形が、このミサでは見られないことである。これもこの曲にかけたバッハのなみなみならぬ意欲のあらわれではなかったろうか？

〈キリエ〉に戻れば、この第二曲のあとの二番目の〈主よ、憐れみたまえ〉は、最初の曲のもっていた厳しさに対し、はるかにやわらかで中間色に富んだ祈りとなる。「心が安らかだからだ」というのが、シュヴァイツァーをはじめ多くの人びとの見解であるらしい。これもロ短調。こうして、第一章はロ短調の合唱、ニ長調のソロのアリア、ロ短調の合唱という形のアーチになる。この部分を通りすぎて、次の〈グローリア〉に足を進めると、ここは、八つの曲からなる。まず、その構造を表にすると、こうなる。

| | | |
|---|---|---|
| 第4曲 | ニ長調 | 合唱 |
| 第5曲 | イ長調 | アリア |
| 第6曲 | ニ長調 | 合唱 |
| 第7曲 | ト長調 | アリア |
| 第8曲 | ロ短調 | 合唱 |
| 第9曲 | ロ短調 | アリア |
| 第10曲 | ニ長調 | アリア |
| 第11曲 | ニ長調 | 合唱 |

つまり第四曲から本部に入ってゆくと、あとは第八曲を中心に前後に相称の形で、アリアと合唱が交代しているのである。それに調性の配置も安定している。

しかも、その中心の第八曲〈クイ・トーリス〉（世の罪を除きたもう御人、われらを憐れみたまえ、われらの願いを聴き給え）の音楽のすばらしいこと！　静かな悲哀のなかの慰め、というか沈痛さのなかのやさしさというか。これは、管弦楽のなかで木管はフルートしか使われてなく、その音色の魅力とも結びついて、この壮大なミサの〈グローリア〉の中心となるにふさわしい表現力をもっている。胸にしみ通ってくるような力であるが、しかし、そのなかに不思議な明るさが漂っているのである。この〈クイ・トーリス〉は一七二三年作のカンタータのなかから借用したものであるが、こういう作法（音楽は同じで、別のテクストをあてはめるやり方。いわゆるパロディー作法）は、バッハの場合、大急ぎで書かなければならないとかいった外的な必要から、やられることもあるのだが、ここにみられるのはまったく違う。音楽それ自体の表現力がテクストの異同にかかわりなく、あるものを聴く者に伝える。私は、それは彼の音楽がある「真実なるもの」を土台にしているからだと思う。その真実は、私には、ほとんど不滅でゆるぎないもののように思われる。

〈グローリア〉を最後に結ぶ〈クム・サンクトゥス〉（聖霊とともに）は、華麗で力強い合唱曲である。バッハが、当初、以上のキリエとグローリアだけを書いて、フリードリヒ・アウグスト二世に献呈したのは、理由は何であれ、音楽的にいえば、最初の〈キリエ〉の哀願からこの大フーガによる勝利までの、一つの壮大な建物を築くのに成功した以上、正しかった。

## 4

しかし、従来――特に十九世紀の人びとは、《ロ短調ミサ》のクライマックスは、次にくる〈クレド〉(信条）にあると考えていたようである。

これも、まず全体の構想が雄大であって、しかも、ゆるぎなき均衡のうえに安定している。音の大聖堂と呼ぶしかない。

〈クレド〉は第一二曲から第二〇曲にいたる九曲からなる。図にあらわすと、

| | | |
|---|---|---|
| 第12曲 | ニ長調 | 合唱 |
| 第13曲 | ニ長調 | 合唱 |
| 第14曲 | ト長調 | 二重唱(アリア) |
| 第15曲 | ロ短調 | 合唱 |
| 第16曲 | ホ長調 | 合唱 |
| 第17曲 | ニ長調 | 合唱 |
| 第18曲 | イ長調 | アリア |
| 第19曲 | 嬰ヘ短調 | 合唱 |
| 第20曲 | ニ長調 | 合唱 |

教典からいうと、最初の三曲は父なる神に関するもの。次の三曲の合唱は子なる神（つまりイエス・キリスト）に関するもの、終わりの三曲は精霊なる神に関する信条となる。中心は、ここでも中央の三曲、つまり〈聖霊により、童貞なるマリアより生まれ、人間となり〉、それから〈われらのため十字架にかけられ、ボンツィオ・ピラトのもとで苦しみをうけ、死んで葬られ〉、そうして〈聖書にあるとおり、死んで三

日目によみがえり、天に昇り、父の右に坐し……〉というキリストを信じるという個所である。これは、このミサ全体のなかでも、とりわけて劇的であり、深刻な表現のみられる部分である。私は、あの比類のない誠実な人問、ベートーヴェンが《ミサ・ソレムニス》のなかで「童貞マリアより生まれ、人間となり」という個所を、同一音のうえで経文を素読するように、アクセントをつけずに低音で――まるで顔をふせて急ぎ足で歩きすぎるように――歌わせたことを思い出す(「彼はこれを信ずるのに困難があったのだろうか?」とロマン・ロランは含みの多い注解を書いていた)。それから比類のない美の使徒のモーツァルトが、あの未完成に終わった《ハ短調ミサ》のなかで、同じテクストに、木管の四重奏に支えられ、ルネサンスのどんな画家の描いたのよりも典雅優婉な、ソプラノの長大なアリアを書いたことを。

だが、大バッハの作曲はくり返しやまないヴァイオリンの特徴のある音型を伴って、静かな乱れない歩みによる合唱である。そうして次に、このミサのなかでも特に独特な、半音階的におりてゆく四小節のバスを低音主題とするパッサカリアとして〈十字架につけられ……〉を続ける。これはすばらしい霊感であった。こういう主題をもつパッサカリアは十七世紀の音楽として珍しくも何ともない。むしろきわめて類型的な扱いといってもよいものだ。それなのに、この曲の与える感銘の唯一無二なこと!シュヴァイツァーは(何度も引用して気がひけるが、私たちの手近にある評伝でシュヴァイツァーほどこの曲の生命に迫ったものは多くない。たとえ学問的には救いがたく古くなってしまったにせよ）、「パッサカリアの合唱声部は、前曲同様、やさしく匂やかに作られていて、和声のつらなりにより表現されて、いいつくしがたい悲哀が、何か超現世的な浄化された色調を帯びる」といっている。たしかにここでは超越的なものが微光を放っている（十九世紀を通じてバッハに通暁した音楽家として、屈指の存在だったブラームスが、作品一八の《変ロ長調弦楽六重奏曲》（第一番）、それから《ハイドン変奏曲》、そうして《第四交響曲》の終楽章等の諸楽章を書いたとき、このパッサカリアを思い出さなかったはずはない。この〈十字架につけられ〉でバスに対して下降するフルートその他の上声のモチーフも、ブラームス好みの3度の下降で始まるのである）。

この沈鬱な合唱はホ短調からト長調に転調して結ばれる。そうして、そこから、次の〈復活〉の合唱が開始されるわけだが、これが、前二者に対し、考えられる限りで鋭い対照の曲になるのは当然である。トランペットとティンパニの輝かしい響きを伴って、曲は栄光をもって再臨するものを歓呼をもって迎える。ここは、今日では消失してしまった器楽的協奏曲を編曲したものではないかという説もあるそうだ。

しかし、この〈クレド〉は、このあと、もう一つ、聴く者を深く捉え、いったん聴いた者にはいつまでも忘れがたい感動を残す個所をもっている。それは、精霊に関する最後の部分を結ぶ合唱である。第一九曲の合唱は〈コンフィテオール〉と、それにつづく第二〇曲も〈また、私は死者のよみがえり、来世の生命を待っています。アーメン〉と受けつがれてゆくのだが、この両者も、今ふれたキリストの生誕と死と復活に劣らぬ秘蹟への信仰を表白する。音楽は、最初、暗い嬰へ短調の二重フーガであり、それに途中からグレゴリオ聖歌に由来する引用が加わり、全体のなかでちょっと耳につく古風なスタイルに転じている。しかし、音楽として奇蹟がおこるのは、その部分の終わりの二十数小節。歩みがゆるめられアダージョに変わるとともに、バスも——さっきのパッサカリアを思わず連想さす小刻みの半音階進行になるとともに、そのうえで、和声の半音階的転調がおこる。これは形容の仕様のない霊妙さで行なわれる。そのあいだに、テクストは実はもう「私は……を待つ」という次の部分を先取りしているのだった。しかし神秘のヴェールの彼方での出来事のあと、ニ長調に転じて始まる弦楽の全奏をしたがえて、合唱は、力強く「復活」と「最後の審判」への歓呼を表明する。これは、ベートーヴェンも嘱目したに違いない、強力な劇的な効果に満ちた個所である。

## 5

第三分冊が〈サンクトゥス〉だけを含んでいたことは前述した。その〈サンクトゥス〉（聖なるかな、万軍の神なる主。天と地はその光栄に満ちあふれる）の二つのセンテンスに対し、バッハは、再び、恐ろしいほどの壮麗さで神と天と地を讃える、二つの大合唱をあてることになった。前者「聖なるかな」について、シュヴァイツァーは、前述のように、これを「崇高というイデーの完璧な表現」と呼んだ。私も異存はない。万軍の主なるものの偉容を讃える偉大な頌歌である。それにまるで寄せては返す波のような力強さとさわやかさの合体がここにある（このなかの一つのモチーフは、例の「イエス、わが喜び」の伴奏についているあの三連符の音型を思いださせずにおかない）。後者の「天と地とはその栄光にあふれる」は、八分の三拍子の軽やかな歓喜のフーガになる。これも、心をあらわれるような思いなしに、聴くことはできない。

バッハは、何ときわまりを知らない天才だったことだろう！　これだけの大合唱のあと、さらに、〈ホザンナ〉（いと高い天にホザンナ）が続いて、おかれるのだから。しかも音楽は、ひき続き、法悦的というほかないところまで高まってゆく。合唱も、第二一曲で六声部にましたのだったが、この第二二曲にいたって、四声の合唱が二つ、全部で八声にまで拡大する。それによって、「ホザンナ・イン・エクセルシス」というたった三つの言葉がどんなに巨大な音楽の殿堂をつくってゆくことか。バッハの創造的想像力の高まり、充実。これが元来は《世俗的カンタータ第一一番「おのが幸いを讃えよ」》からとったものだということを信じるのは、バッハの常套的処理法を知っているものにとっても、楽ではない。というのは、バッハにとっては、新しく作曲することだって、同じくらい、容易だったのだろうから。

これに続く、〈ベネディクトゥス〉（主の御名により来るものは、祝されよ）については、古来、テクストと音楽とがくい違うという指摘が跡をたたなかった。私も、どちらかというと、少々奇異な感じを完全には捨てきれない。聴くたびに、どうしてだろうと思う。これはテノールのソロをはさんでヴァイオリン独奏が通奏低音とともに奏されるロ短調のゆるやかな美しい音楽である。しかし、そこに漂う一抹の哀愁は聴きおとすわけにいかない。シュヴァイツァーも、これは何か後世に知られなくなった既成の作曲をとりつけたものではないか、という疑念を表明している。テクストのくり返しのさいの切れ切れなやり方は、そうとでも考えないととても理解の仕様がないからである。周知のように、ベートーヴェンは、このイエス・キリストを祝し奉る個所に、長大なヴァイオリン・ソロのオブリガートを書き（ロマン・ロランはそこに平和の鳩の天まで昇るさまを連想した）、心のかぎりをつくして、へりくだりつつ祝った。あのヴァイオリンも、美しさの極みから生まれてくる感動的哀愁のニュアンスはもってはいたけれど、バッハのこれは、それとも違う。

ミサは、あと一章を残すのみである。第二四曲〈アニュス・デイ〉（世の罪を除きたもう神の仔羊、われらを憐れみたまえ）。ヴァイオリンがユニゾンで切々たるオブリガートを奏するなかでアルトが独奏する。その限りで、これは、今聴いた〈ベネディクトゥス〉と一対をなす。だが、ここは、神の仔羊つまり世の罪を除きたもうキリストへの哀願である。祝福とは正反対である。ト短調という調性も、このミサを通じて、たった一つのもの。このアリアを聴いて胸をつかれない人はいない。ドイツ語でいうところの ergreifend 肺腑をつかれる思いをせずに聴きおわることは、誰にもできない。「われらを憐れみたまえ」と私たちが祈るのは、結局私たちの罪のために、十字架につけられて死ななければならなかった人、その人に向かってなのである。

このあと、ミサは最後の曲に入る。〈ドナ・ノービス・パーチェム〉（われらに平和を与えたまえ）。バッハは、この曲に、グローリアにあった第六曲の〈グラティアス・アギムス〉（われらの御身の偉大な栄光のために、主に感謝します）の音楽をあてた。例によって、シュヴァイツァーをみると、彼は、「これには深い意味がある」とだけ言っている。そうして、あと「軟弱な演奏はこれにふさわしくない」と話題を転じている。というより間接的に、この終曲は第六曲の剛毅の精神を引きついだのだといわんばかりに書いている。

私には、これはよくわからない。シュヴァイツァーの趣旨は、とかく人びとが「平和を与えたまえ」というとき、軟弱な物乞的態度を示すこと（それから、一般にこの曲を演奏するとき、とかく指揮者がこの終曲にそういう表情を与えがちなこと）への警告であり、批判であるとみるべきだろう。

だが、バッハが新しく作曲したとして、何も軟弱な曲を書くとは限らない。むしろそうしたろうと予想することは困難だ。そのうえに、ここは音楽的にいって問題がある。つまり、前者は、「グラティアス・アギムス・ティビ」と「プロプテル・マグナム・グローリアム・トゥアム」の二つの句からなっていたのだし、したがって作曲もそうなっていて、二つの主題に基づいて展開されるフーガだった。ところがこちらは、「ドナ・ノービス・パーチェム」の一句だけでできている。したがって二つの主題を使用すべき必然性はとぼしいのである。

だから、私は、この転用の意味はどうやって肯定してよいのかわからない。しかし、音楽としてみれば、これはバッハの名にふさわしい、見事な音楽である。主題の表情も、堂々として力強く、しかも落ち着いたもので、「平和はすでに実現しており、信仰によって心の平隠をかちえた人の祈りである」といってもよいだろう。

私は、もう一度、ベートーヴェンを思い出さずにいられない。ベートーヴェンにとって、この「パーチェム（平和）」を獲得するための戦いと祈りは生易しいものではなかった。ベートーヴェンは、パーチェムという言葉について、「心の内と外なるそれ」と注釈した。つまり、外的な意味での平和、戦争に対するものとしての平和、それと心の平安とである。というのも、ベートーヴェンの生きていた十九世紀の初頭は、フランス革命、それに続くナポレオンの出現と欧州制覇、さらに没落と、戦争にあけくれる時代だった。そうして、ベートーヴェンにとってはこの外なる平和への祈願と無関係なところで、内面の「パーチェム」を語ることは不可能だった。彼のミサでは、この部分に入ると、トランペットが高鳴り、ティンパニが連打され、戦争の硝煙とほこりが舞い込んでくる。そうして、平安から追い出された人びとは逃げまどう。これは、そういう人たちの祈願する平和だった。

ベートーヴェンの真率さは、誰の目にも明らかである。しかし音楽は、そのため一挙に、前の部分とのバランスを失ってしまう。それは誰の耳からも蔽うことができない。戦時に際しての平和祈願のミサは、別の人によって書かれた。ハイドンも書いた。しかしそれがベートーヴェンの場合ほど、いたましい形で、というのは、むきだしの赤裸の形で、ミサのなかで提出されたことはなかった。

カール・リヒター指揮、ミュンヒェン・バッハ管弦楽団、シュターダー、ヘフリガー、フィッシャー＝ディースカウ以下（一九六一年の録音、CDは［アルヒーフ　POCA二〇〇九〜一〇］）。

▼追記　シュヴァイツァーの引用については、シュヴァイツァー『バッハ』下、浅井真男・内垣啓一・杉山好訳（著作集14）白水社刊によった。

# マタイ受難曲

バッハは、福音書による受難曲《パッシヨン》を、少なくとも三つ書いたといわれるが、今では、ヨハネ伝によるものと、マタイ伝によるものとの二つしか残っていない。そのうちヨハネ伝によるものは、一七二三年、彼がライプツィヒに着任したとき演奏されたが、後者は、一七二九年に書かれ、その年演奏された。

パッションというものは、キリストの受難を民衆に想い起こさせるために劇や音楽で演じられるもので、非常に古くから行なわれていた。それも、必ずしも教会の儀式用の芸術として伝えられたわけではなく、中世の神秘劇《ミステリー》や奇蹟劇《ミラクル》とかは、みな聖書の読めない人びとに、主イエスの事蹟や生涯や蘇りを如実に感得させるために、所作や朗読を交えて演じられていたのである。受難曲は、バッハの頃までに種々の変遷を辿ってきたが、たとえばこの《ヨハネ伝による受難曲》のような大がかりなものになると、ソリロキア（福音書の使徒に擬したもの）といって受難の顚末を、一種の朗読誦の役（テナー）であるとか、キリストの言葉を述べる役（バス）、ペテロとかユダとかいった使徒の役、あるいは信者や群集の中の個人を演じる役とかの独唱者があり、それに対し、信者とかローマ兵士などの集団を表す合唱隊がある。彼らは劇的なスタイルで、彼らの感動を表す合唱と、コラールといって新教の合唱讃美歌のスタイルで書かれ、もっと静的なリリカルな部分を受け持つが、この曲では少年と成人の合唱隊が要求されている。それに管弦楽とオルガン、チェンバロなどの伴奏が加わるので、全体はきわめて大がかりなものになる。といっても、バッハの当時教会で使用できた合唱隊や音楽家の数は、今日とは比べものにならないくらい少数だったらしい。

この曲はマタイ伝第二六章と二七章の全文をルターがドイツ語に訳したものを土台に、ピカンダーという人が書いた歌詞によっており、まず〈シオンの娘たちよ、わが嘆くを助けよ〉という合唱に始まり〈われら涙もて蹲《うずくま》る〉という大合唱に終わる。コラールの旋律は同じものが幾度も使われるが、〈おお、血にまみれ、いっぱい傷をうけた頭よ、悩みと嘲りにみたされた頭よ！〉の歌詞のついたコラールの美しさは、言いようがない。それにまた、これらのコラールは、単に別々の歌詞をもって使用されるだけでなく、前後に合わせて移調されたうえでの登場で、全体を統一する要素としても使用されている。また〈われらは涙ながらにひれふし、墓の中の汝に呼びかける、憩え、やすらかに！〉という合唱は、非常に簡素に書かれているが、深い感動を与えずにいない。ソロでは、「かくてイエスはとらえられぬ」というアルトの二重唱。これにはフルートとオーボエが助奏し、カノン風に書かれているが、哀傷極まりない逸品である。あくまで控え目なタッチで、伴奏も歌も実に少ない音で書いてある。たとえ歌詞がなくとも、ちょうどバッハの器楽的三重奏か何かのもつ、純粋な音だけの曲の与えるあの清純な哀傷に達している。と思う間に合唱が加わり「彼を放せ！」という叫びが発せられ、ひきつづき恐ろしい速さで稲妻が走り雷が轟きだす。「おお地獄よ、火を吐きつつ大地を割れ。怒り狂い破壊し呑みつくせ。偽りの裏切りものを粉砕せよ」と合唱は追いすがるように絶叫する。この突然の変化と、それの表現の力強さは、音楽の世界でも他に例のない美しさを放つ。バッハの宗教的声楽曲には名作が多いが、この曲はそのなかでも特筆すべき傑作であり、キリスト教の生んだ最高の芸術の一つである。

# リヒター／ミュンヒェン・バッハの残したもの

カール・リヒターが東京に着いた夜、私は彼を囲む小人数の食事によばれた。凝った天ぷら屋だったが、座につくや否や彼は料理の整うのも待ちきれず、大根おろしをはじめあたりにあるものを手当り次第平らげ出した。結局は優に二人前以上食べたろう。席の人の半分は初対面だったが、彼は食べる以外に何一つ念頭にない様子だった。さすがに見かねて、つきそいが説明した。「リヒターは飛行機に乗ってから今まで何も食べてないのです。スチュアーデスが食事を持ってきても楽譜を手から放さず追い払ってしまうものですから」と。

あとで私が確かめると、彼はこともなげに「飛行機では電話もかからず、いやな客も来ないから、楽譜をゆっくり見ていられて、こんな楽しいことはない。楽譜、特にバッハの楽譜はいつ広げてみても新しい喜びとナゾがみつかるものだから」と言っていた。

間近で見たリヒターはこういう人だった。これは音楽に憑かれた人、探求してやまない人である。バッハがこういう人間だったかどうか、私は知らない。しかしバッハが、家にいては次々と生まれた子供たちが騒々しくまわりを走り回っていても苦にしないで倦むことなく作曲し、外に出ては仕事をしつづけ、自由に使える音楽家が少なすぎるとか質が悪いとかで文句を言いどおし、市当局や教会の上役からやたらと譴責《けんせき》をくい、誰かの音楽に興味をもてば一カ月の休暇が四カ月になろうと旅に出たまま職場に戻らず、王侯から禁固刑に処せられても所信をまげず、しかも演奏をさせれば当代右に出るもののない大家だったという具合に万事につけて徹底した人間であったことは、どんな評伝を見ても出てくる話である。

遠く舞台に立つリヒターからは、こういう人物とその手から生まれた音楽のある本質的な放射の感触が伝わってくる。彼がチェンバロの前ですわったり立ったりしながら指揮するときも、《チェンバロ協奏曲》で独奏者兼指揮者としてやたらと忙がしく「音楽している」ときも、それを見るものには、この小柄な中部ドイツ生まれの男の中には十七世紀のマイスター——音楽にかけては露ごまかしもなく、やたらと有能で労を惜しむことを知らない大職匠の系譜が今でも生きつづけているのだという感銘が圧倒的に迫ってくる。指揮者のあり方は管弦楽にものりうつり、その結果、トランペット、オーボエ、フルート、ヴィオラ・ダ・ガンバその他の粒よりの名人たちは、その楽器の一つが増減されても全体の音色から性格までが変わってしまうほど、それほど一つ一つのパートが生きている集合体を作りあげる。それは十八世紀後半のハイドン以降の近代管弦楽が、すばらしい成果の半面で失ってしまった美徳であり、こうして演奏されたバッハの合奏協奏曲はドイツ人のいうゲマインシャフトの合奏としての最高の意味のものといってよいだろう。

リヒターの指揮と曲のつかみ方は、一面では峻厳をきわめ、一面では驚くほど自由である。その棒で彼はどこを切っても鮮血のほとばしり出そうな生気に満ちた演奏を創りだす。それは復古的な姿勢を全然もたないくせに、個人的な恣意とは逆の、規範的な様式の樹立に向かってつきすすむ。

その特徴を二、三の例でいうとまずレチタティーヴォの活殺自在な扱いがある。《マタイ受難曲》その他の巨大な樹も、単純化していえば、この語りつつ歌う旋律一本が眼目であり、手綱ともなるのだが、リヒターはそこに無限に豊かな変様と明暗を読みとる。そうして伴奏のチェンバロを自分で受けもつ彼は、《マタイ》では総じて控え目に彫塑的に、《ヨハネ》では逆に言葉につくせないほど多種多様な音型を簡単な数字付低音から紡ぎ出す。そうやって彼は大伽藍のように厳しくそびえたつ《マタイ》と、意識の多層性に裏づけられ、より色彩的でニュアンスに富んだ《ヨハネ》との傑作の一対から、それぞれの本質を対照的に浮かび上がらせる（こういう高度の要求にすべて見事に応えたヘフリガーに満幅の敬意をささげよう。彼こそは現代最高の福音史家の歌い手である。それにアルトのヘフゲン以下の独唱者たちすべての名唱に心からの拍手を惜しむ理由は少しもない）。

バッハには彼の尽きることのない天才の霊感に加えて中世以来のドイツ音楽の伝統の資源がある。そういう超個人的な音楽がコラールを中心とした合唱の根源となる。コラールでは、リピターは極度に感傷を排し、内面から噴き上げてくる烈しさを緊張した簡潔さに転換してゆくのだが、そこでも《マタイ》の厳しさと《ヨハネ》での残響の円味を豊かに残した扱いとの対比が鮮やかだった。前者では蒼古雄勁な立柱のならぶ回廊、後者では肉づけの豊かな艶のある形姿の連続とでも呼ぼうか。それだけにまた、合唱が、《マタイ》の「真に彼こそは神の子だった」で一瞬だがすごい漸強と漸弱の曲線を描いたり、あるいは《ヨハネ》でイエスの処刑を知らせるバスのアリアの真只中に割って入り「どこへ？　どこへ？」と何回となく問いを投げてくるときは、音自体は囁きの微妙な段階的変化でしかないのに、その響きは聴くものの意識の中で反転反響しながら棘のように突き刺さる。ここでは対位法は技術であると同時に象徴にまで高められている。

こういう感動は私たち一生忘れられないだろうし、それを残していった音楽家は、天才と呼ぶ以外何と呼びようがあるだろうか？

# マタイ受難曲

カール・リヒター指揮
ミュンヒェン・バッハ管弦楽団・合唱団
VHD［ビクター VHM七四〇〇七〜八］（廃盤）

今回はカール・リヒター指揮の《マタイ受難曲》をとりあげたいと思う。ただし、レコードでなくて、VHD方式によるヴィデオ・ディスクに収録された形でのそれである（一九七一年の録画。VHD［ビクター VHM七四〇〇七〜八］㊛）。

これをとりあげることによって、私のこの「今月の一枚」（『レコード芸術』連載）には、これまでのようにレコードあるいはCDだけでなく、ヴィデオも視野の中に入ってくることになるわけである。なぜ、そういうことにしたか。これについては、いずれ機会があったら、ややくわしく書くことになるだろう。ここでは、ただ一つ、これまで音楽の演奏の複製、再生の手段として、私たちにとって、重大な意味をもっていたレコード（CDも含めて）のほかに、今や、ヴィデオ——つまり音響だけでなく映像としての演奏の諸形態の再生、複製が、これまでのように映画とTVによるだけでなく、ヴィデオを通じての録音・録画という方式で、私たちの家庭に持ちこまれるようになったという事実が無視できない段階に達したと、言っておく。

もちろん、レコード——つまり、アクスティックだけの面での音楽演奏の再生と、それに映像が加わってくるヴィデオによるそれとでは、その間に一つの重大な相違がある。私はそれによって、音楽の受容がより便利になった、より、完全になった——したがって、より進んだ形で行なわれるようになった——とばかり、楽天的に考えているわけではない。この重大な変化は、私たちに与えるものも大きいが、もしかしたら、私たちがそれによって失うものも小さくないかもしれないのである。

しかし、重ねていうが、ヴィデオの出現とその発展は、今や音楽の受容に無視できない段階に達してきた。その点でだけいうと、今日ヴィデオの存在にあくまで目をふさいで押し通そうというのは、かつて、レコードが再生技術の点でも、レパートリーの上でも、日進月歩の勢いで前進しつつあったころに、それが私たちの音楽受容の上に及ぼす影響の重大さ——たしかに、これは重大な問題を投げかけた——を考えるあまり、消極的——というより、否定的態度を押し通そうとしたのと、変わらないことになりそうだ。

こんなわけで、これからは、すぐれたヴィデオ作品——ここで私のいうのは、さしあたり、あくまでも音楽再生手段としてのヴィデオ・テープ、ヴィデオ・ディスクなどのことであるが——を、この欄でもとりあげてゆくことにする。

今回のカール・リヒターの指揮によるバッハの《マタイ受難曲》のヴィデオ・ディスクはその第一号にあたる。私としては、第一号にこれをとり上げることができて、非常にうれしい。それくらい、これは傑出した出来栄えの作品である。内容的にも、もちろん、申し分ない。ヴィデオの効用価値はオペラに限らない。オペラの重視は俗説にすぎないのではないか。

《マタイ受難曲》は、私見では、西洋音楽文化が生み出した最高級の作品である。もし、西洋音楽から、たった一曲を選べといわれたら、私は同じバッハの手になる《ロ短調ミサ》とこの曲との間で、さんざん迷った末、結局、この《マタイ受難曲》を選ぶことにしただろう。

私は、この作品が完全にわかったとは、とてもいえない人間である。総じて、バッハは、音楽そのものの根に深く密接したところで創造行為を営み、しかも、その創造の成果が、およそ音楽として形成されうる最高のところまで達した存在であって、その人のことはとても軽々には語ることも、書くこともできないという考えをもっている。しかも、私にとって、バッハこそ、幼いときからの音楽の日常の糧でもあるのだ。

私にはバッハと切り離したところで、音楽にふれた（タッチ）生活など考えられない。はじめにリズムありき。リズムは数の周期的回帰を通じて、秩序を生み、音楽を生命の秘所にまで浸透させ、それを通じて宇宙の神秘に通じる。

バッハの音楽は、このことを、ある時は力強く誇らかに、ある時は耳のあるものにしか通じない秘かな声で、告げている。そういう音楽の最高の結晶が、《マタイ受難曲》にみられるのである。

かつてカール・リヒターの指揮で、この作品を聴くことができたのは、私にとって最高の経験の一つだった。

私は、一九六七年から八年にかけての一年間ベルリンで暮したことがあったが、その間の復活祭の前後だから、六八年の春だったに相違ない。リヒターはその直前、彼の手勢とするミュンヒェン・バッハ管弦楽団やバッハ合唱団を中心とする一行とともに、モスクワをはじめとするソ連での公演で圧倒的な成功をおさめ、まるで凱旋将軍のような勢いで、西欧に戻ってきた。私の聴いた公演は、その勢いをそのまま持ち込んだような演奏だった。場所はベルリン・フィルハーモニーのホール。春といっても、まだ白い雪の残る肌寒い日の、しかも、一二時前後からのマチネー公演だった。演奏はすごかった。私は、聴いている最中から何度も心の底から揺り動かされ、聴き終わってからは、震駭され、圧倒され、一言も口がきけないほどだった。

そのあと、日本に戻って、その翌年リヒターが一行とともに来日、一連の公演を行なった。私はまた、そのころ出たレコードでリヒター指揮の《マタイ受難曲》についての感想を『レコード芸術』誌上に書いてのせたことがある。これは音楽之友社刊『今日の演奏と演奏家』に収められているのだが、今度、ヴィデオが出たのを機会に、私は自分がかつてこの曲についてどんなことを書いたかしらと思って、読み直してみた（こういうことは、私は普通やらないのだが）。

ところが、今度のヴィデオで、この曲についていちばん強く感じたものと、今から一六年前に感銘を受けたところとが、ほとんどまったく同じなのを発見した。あのときも、私は、リヒターの《マタイ受難曲》の把握の根本に、合唱があるのをみた。それはもちろん純粋な四声のコラールを中心としているが、そのほかにも最初と最後の大合唱曲をはじめ、アリアその他の中に随時出没している。そうして、これは名もない人々の集まりである群集そのものであると同時に、この曲を通じてイエスの最後の日々の展開を目のあたりする私たちの姿にほかならないのである。そうして、イエスは、私たちの罪という罪を一身に背負って、自分を犠牲としてさし出し、十字架につけられて死ぬ道を選んだのに対して、私たちはそのイエスを裏切り続けただけでなく、敵たちに売り渡した上に、捕えられた男として裁判にかけられているときも、その解放に反対し、十字架につけて殺すことを求めて叫んでやまなかった。その上で、彼が十字架の上で息が絶えると、途端に、空は曇り、嵐が起こり、大地が激しく震えるのを見て、はじめて「本当に、この男は神の息子だったのだ。おれたちは何たることを

［譜例］

してしまったのか」と後悔し、それから自分たちの所業に対し、どんな恐ろしい報いがくるかと恐れおののく。

それほど、愚かで、卑怯で、下劣な人間で、自分はあるのだ。この事実を、《マタイ受難曲》は、否定しようのない筋道をたどって一歩一歩、私たちの目の前に明らかにしてゆく。そのことを一番強力に集約的に示しているのが、例の一二使徒の一人ペテロが、夜の明けるまでに三度キリストを否認し、自分はキリストと何のかかわりあいもないといって否定する箇所であり、かつ、そのあとで、「それから、彼は外に出て、さめざめと泣いた」という三小節の短いが、痛切極まりない旋律というか、メリスマ的な朗誦である（［譜例］参照）。

一六年前、私は「ここを聴いて、胸をつかれないとしたら、その人は音楽を聴く必要のない人だ」と書いた。今度も、ヴィデオを見て、私は胸が痛くなり、目が痛くなり、涙が出てきて、とまらなくなった。

と、このヴィデオでは、それまであのいかにも律義な勤め人みたいな顔つきの冷静端麗で実直で、いつも手や顔をきれいに洗っているみたいなペーター・シュライヤー（ここでは彼が福音史家を歌っている）の顔の輪郭が、まるでレンズが曇って、映像が崩れるみたいに、とけ出し、流れ出した。

今度のヴィデオでは、歌手たちは一変した。福音史家がヘフリガーからシュライヤーに変わったように、キリストはE・G・シュラム、ソプラノはヘレン・ドーナト、アルトはユリア・ハマリその他となっている。そうしてヴィデオは、この人たちの歌いぶりはもちろん、彼らの顔の表情をそのままとるという以上に、ドイツ人たちのよく言うAusstrahlung（人格、人柄の精神的なものの放射）をすぐれたやり方で、汲みとり、組み入れるよう努め、それに成功している。言葉を変えればリヒターは歌唱力に劣らず、その精神性の表現に関する要求に答えうる音楽家を選んで、採用しているのだ。ハマリはあの鋭い輪郭をもつ彼女の顔と姿、特に、時にはけわしいくらいのプロフィールを十二分に映像化しながら、苦難と捧身のアリア（たとえば第六曲）を歌うことが多い。また第三九曲（私を憐んでください）では、ハマリが両手をやや強く握ったり、両手の指を組み合わせたりする姿を写し出す。これはそれに協演するヴァイオリン・ソロの力強い弾き方と一体になって、深くて強い刻印を私たちの心におす。それに対しカメラはドーナトの黒い豊かな髪と褐色のうるんだ目をもった円い肉づきのよい顔をしばしば真正面からとらえながら、そこから温かくて、しかも深い愛の力が流れ出てくるさまを、あますところなく私たちに伝達するよう努める。しかも、彼女が第八曲で「育てた子が蛇となって、親を殺す。(苦しんで)血を流すがよい、お前、親しい心よ」と歌うとき、彼女のこの黒髪とうるんだ目と、白い歯をもった肉感的な口もととは、ほとんど耐えがたいほどの官能的な心の熱を私たちに伝えずにおかない。またイエスを受けもつシュラムの顔は、――特に始めは――ほとんどいつも横顔か、あるいは後ろから四分の三のプロフィールで把えられ、私たちと、イエスとの距離を常に意識さす。そのほか、私は、もっともっと多くの細部にまで及んでいる、このヴィデオのカメラワークとカッティングについて語ることをもっているが、今は、それを書くのは一切断念する。

それは、紙幅のたりないことより、むしろ、ここでの映像上の処理や工夫は、すべて、音楽に隷属し、音楽上の必要、要求からきているからである。これがこのヴィデオ作品の並々ならぬ質の高さの一つの証拠となる。

私は、第一曲のあの壮大深刻なホ短調の二重合唱曲をみたとき、「何とドイツ的な作品だろう!」と痛感した。もちろん、それはこれが作られた一九七一年という時代の刻印をもったドイツ性であるが、一切は精神(霊性)の表現を主眼とした機能性の重視と装飾のための装飾を排する根本から築き上げられている。ここでは、すべてが、一見、整然たる冷たさを軸に動いているようだが、実はその裏に、静かに、しかし充実した精神のダイナミズムが働き、一切を支えているのである。たしかに、きびしい。が、それは粗暴でも硬くもない。外面的効果を斥け、聴衆の心が内面に向けて、集中するように誘導するきびしさにほかならない。

ドイツ人が圧倒的に多いのは当然として、合唱の男女や子供たちも、多くがブロンドの髪をし、白い肌と、端然とした北方人的風貌をしている。こういう顔と姿勢は、ドイツでも今は必ずしも一般的とはいえなくなりつつある。それにバッハの演奏そのものも、最近のそれはリリングにせよ、ホグウッドにせよ、コルボにせよ、単に楽器が違い、演奏法が違い、追求する「音響像」が違ってきただけでなく、その精神的裏づけの土台自体が、このリヒターに見られる峻《けわ》しい厳しさとは違って、もっと柔和な穏やかなものを指向するようになりつつあるように私には思われる。

私は、今ここでは、その可否は論じない。ただ、私にとっての《マタイ受難曲》は、このリヒターのそれが決定的規範となったということを、今度のヴィデオは、否定しようのない明確さで、私に自覚させずにおかない。

リヒターの指揮の特徴も、これを見て、私も会得するところがあった。それは、彼のは単に各パートの入りを指示し、その演奏の表情づけをリードするというだけでなく、重要なフレーズの節目とか声部の終わりとかで、とりわけて、はっきり、その音の切り上げ方について、指示している点にある。これは多くの指揮者がそれぞれの

「入り」は正確に指示するが、「終わり方」については比較的ゆるやかな注意しか払っていないようにみえるのと、非常に違うのである。

それにしても、彼の指揮は、この作品が終わりに近づくにつれて、ますます、見事になってゆく。そうして、テンポも第五九曲のアルトのアリア（おお、ゴルゴタ）あたりから、目にみえてゆっくりしたものになる。この際のオーボエ・ダ・カッチャは実に効果的だし、音楽はちっとも感傷的にならない。こういう「ゆったりしたテンポで、たっぷり音楽をやりながら」心情への訴えかけをことさら装飾的なやり方をしないですます点でも、リヒターのバッハ解釈の無類の精神性を端的にものがたっている。最終の第六八曲の子守歌など、むしろ速いくらいのテンポでやられ、回転する「死と生の車」の姿をみるような気がした。

もちろん、リヒターは、当時の一般的な考え方として、いわゆる古楽器はところどころでしか採用していない。しかし、たとえば第五七曲のバスのアリアで、ヴィオラ・ダ・ガンバの助奏に、自分がチェンバロの前に坐ってバスをつけながら演奏するとき、ワルター・ベリーの名歌唱と相まって、まるで白木の建具を手で触るような古朴質実な肌ざわりを感じさす。

# 《目覚めよと呼ばわる声す》――カンタータ第一四〇番

## 1

ヴィルヘルム・ケンプが毎年一回イタリアのポジターノで行なっている講習会の実況録音のレコードがある。実況録音といっても、二週間にわたるレッスンの一部であって、その中でケンプはザクセン訛りのひどいドイツ語でベートーヴェンを説いたり、いかにもベテランの大家としての経験談をしたりしているかと思うと、たぶん模範演奏というわけなのであろう、ベートーヴェンの後期のソナタ群からのいくつかの楽章を弾いたりしている。

そういった、いかにもケンプらしい、即興性の勝ったレコードを、聴くともなく聴いていると、作品一一一のソナタの、ことに第一楽章が、実によく弾けているのに気がつく。これはいつぞや、東京で聴いたときも同じ感想をもったのだが、ほかのソナタだと——たとえば作品一〇六の《ハンマークラヴィーア・ソナタ》でさえ——いかにも手慣れたものだという感じが真先にくるのに比べて、このベートーヴェン最後のソナタの第一楽章では、ケンプは、特別な霊感と真剣な追究との類いまれな結合とでもいうべき演奏を示す。それはもういちど痛いほどはっきり感じられてきて、私は思わず坐り直した。

しかしその第一楽章が終わると、またケンプ先生の気の良いおしゃべりに帰る。それはまたこの講習の終わりの挨拶でもあるのだが、いよいよ結びの言葉を言い終えると、彼は急に、なんの論理的つながりもないのに「じゃ最後に、バッハのコラールを一曲弾こう」と言って、パッと弾き出す。

それがまた、この転換自体の唐突さに劣らないくらい、感動的な演奏なのである。ベートーヴェン的世界が一挙に、バッハのそれに転換し、それまでのダイナミックで主観的な世界、ジグザグの多い、いたるところ明るみと暗い影との交錯していた山道にいたところを、突然抱き上げられて、担々としてみはるかす限り遠く広がっている平原の道の、しかし、先に行けば行くほど天空の高みと大地の深さにつながるような、そういう境にポッと置かれたような、とでも言ったらよいか。

ケンプは、元来がオルガニストの家の出だし、自分もオルガンをよくすることは周知の通りだ。そのうえ、彼が好んでバッハのコラール前奏曲をピアノで弾くのを、経験された方も多いと思う。

このレコードでは、彼はＢＷＶ六五九のａの《来たれ、異教徒の救い主よ》を弾いているのだが、このバッハが始まって二小節とゆかないうちに、私の驚きは喜びに変わる。落ちついた足どりの中での、かき乱されることのない、満ち足りた喜びへの傾斜。傾斜というと、何か不安定な要素があるみたいだが、ここにはちっとも不安定ではないくせに、しかしただ平板に前進するのではなくて、平静な、しかし、充実した恍惚とでもいうべき、深まりへの誘いが暗示されている。事実、この音楽は、陶酔の浄化から生まれてきているのである。

バッハが聴ける、いや、バッハが楽しめるということが、どんなにかけがえのない幸福であるか。お節介な言い方で大変恐縮であるが、音楽が好きだったら、バッハに心から没入できるようになったほうがよい。いや、私は、むしろゲーテを真似て、「バッハの味を知らない人は幸福である。その人には、人生で最大の至福の一つが待っているのだから」というべきかもしれない。

2

私は昔からバッハが好きなつもりでいる。しかし、こういうふうに、バッハの音楽を突然持ち出されて、ハッとしたのは、これで二度目である。最初のは、一昔以上も前、ニューヨークでマイラ・ヘスのピアノ独奏会を聴いたときで、そのとき、この老貴婦人のピアニストは、きめられたプログラムを弾き終えたあと、拍手に応えて、アンコールで、《イエス、わが喜びよ》を弾き出した。これにも、私は、打たれた。あの右手が漣《さざなみ》のような音型でくり返し上下する中で、左手からコラールの旋律が静かに、格調正しく、立ち上がってくる。これは簡単なコラール前奏曲の中でも、きわめて内密で、個人的で、やさしく官能的で、しかも全然劇的誇張のない、平明な音楽であるが、コラールの旋律にのる喜びの漣は、シュテファン・ロッホナー（Stephan Lochner）の『ばら園のマドンナ』の小天使みたいだ。絵と音楽と、こういう類比はどうせ厳密な話にはゆかないものである。だが、私のよく覚えているこの絵でいえば、中央にいるマリアにくらべて、周囲の天使たちが、たとえ前面の両側の楽器を手にしているグループにしてさえ、ずっと小さい。それからこの小天使たちのどれをみても全然甘い表情をしていないのだが、しかし、軽快と敬虔さの混じった独特な味から不思議なリズムと飛翔感が出てくる。私がバッハのコラール前奏曲のコラールをとりまく小音型をこの絵に喩《たと》えてみたのは、そんな理由からである。

とにかく、私ばかりではない、ヘスがこの曲を弾き出すと、満場の聴衆たちから喜びの溜息が漂い出したことも、私には快い思い出だ。この曲は、ほかならぬケンプがピアノに編曲したもので、死んだ天才のリパッティもたしか得意にしており、その演奏を録音したレコードもかつてあったはずである。

ただし、ケンプはもちろん、ヘスにしても、根はロマンティックな音楽家である。彼らのバッハは至福にあふれていると同時に敬虔であり、気品の高いものであるから、私はそれに非難を加える気は全然ないのだが、バッハはもっと突っ放したような、いわゆる客観的な演奏をしても、その偉大さが少しも損われない大音楽家なのである。冷静で知的で、しかも充実した音楽的実質をたっぷりと引き出してくる演奏様式、ミュンヒェンのカール・リヒターはそのほうのバッハの代表的演奏家といってよいのではないか。

現代のバッハの演奏は、大雑把にいえば、ケンプとリヒターと、この両極の間に、さまざまのニュアンスの差をもちながらおさまるといってもよいだろう。もちろん、ケンプはロマンティックだといっても、現代人であり、一昔前の耽溺型からはとっくに脱している。

だが、どうやっても――というのも乱暴な言い方だが、バッハはバッハである。四分音符を中心に書き写されたコラールのメトリックな進行と、それを飾り、あるいは重要な動機を拡大したり縮小したり、あるいはその動機を一つとって敷衍的に変奏したり、あるいはもう少し自由な対位旋律を創り出したり、要するにコラールの定旋律をめぐって、それと対立し、それと融和しながら対位法的にからまりつくいくつかの旋律を操作しながら、織り出されてゆくこの比較的小さな規模の音楽には、技術化されうる限りでの音楽芸術の本質的要素のすべてがある。

そうして、それ以上のものがある。

3

バッハを聴くことによって、私たちが幸福になるのは、この芸術としての彼の楽曲とその中にあるそれ以上のものと、その両方を聴きとる心がなければ、生まれてこない話である。その心は、バッハの最も単純な独奏曲から合奏協奏曲、無伴奏チェロないしヴァイオリン組曲から《音楽の捧げもの》や《フーガの技法》にいたる精神的にも技術的にも高度の発展をとげた末に初めて可能になった大芸術まで広がってゆく器楽曲の世界からでも、養われ、発展させられることのできるものだ。しかし、バッハのもう一つの巨大な世界、つまり声楽のそれを顧みないでは、やっぱり、欠陥といわないまでも、大きな穴のある心になる。

いや、こういう言い方は私の本意ではない。私は言いたいのだ。バッハのカンタータをぜひ聴いてごらんなさい。一度その魅力に開眼させられたら、これまでなんという宝の山を気がつかずに通り過ごしてきたことか！　と思わずにいられないだろう、と。これもまた、大変な世界なのだ。

先日、必要があって、バッハのカンタータのレコードをあれこれと聴きあさっているうちに、昔聴いて好きだった《第一四〇番カンタータ「目覚めよと呼ばわる声す」》で、改めて大きな喜びを味わった。私は何もバッハの二〇〇を越す現存のカンタータの全部を詳しく知っているわけではないし、私の知っているものの中でさえ、ほかにもいくつも好きなカンタータはある。そうして、《ロ短調ミサ》や《ヨハネ》と《マタイ》の両受難曲のような大作のもつ、峻厳さから神秘な恍惚にいたる、純一無雑な歓喜から底知れない悲劇に当面したものの悲哀にいたる、いや、アルファからオメガにいたる、あの巨大な宇宙性の反映を別とすれば、私のカンタータに求めるものは、むしろ、単純さと精妙さの驚くほど単的な結びつきの示現なのだが、この《第一四〇番カンタータ》では、歓喜の高まりの行進とでもいったもののうえで、それが実現されているのが、私には特にうれしいのである。

これは、バッハが《マタイ受難曲》を書いたあとの作だという話だが、円熟した巨匠ののびのびとした筆致の創り出す音の世界の密度の高さとその安定度には驚くべきものがある。ダルなものは一つもない。しかもその中でらくらくと呼吸できないような窮屈なところも一つもない。

これはマタイ伝だったかにある、イエスを迎える準備のできている賢い処女とそうでない愚かな処女たちの喩えによったテキストによるカンタータだが、第一曲の付点音符つきのリズムにのったコラールから始まって、第二曲のテナーのレチタティーヴォを経て、第三曲のソプラノとバスの二重唱のアリアの神秘な甘美さで一つの絶頂に達する。魂とイエスの二重唱に、ヴァイオリンの助奏に通奏低音を加えた四重奏の形をとっているが、その神秘な魅力に満ちていると同時に、微妙を極めた旋律の流麗な軽やかさと感受性の震えるような細やかさに心を浸していると、かつてどんなイタリアの音楽家が、これほどの婚姻の二重唱を書いたことがあろうかという気になる。

というのも周知のようにバッハの旋律作法は、合奏協奏曲や何かの作法と同じように、イタリアの音楽家たちから学ぶところが多かったということになっているし、事実、そういう痕跡を見つけるのも困難ではない。それに、バッハは、そのほかにもフランスの音楽からも多くを摂取したはずだが、書き上げられた作品は、作法上の分析の示すものをはるかに越えて、ドイツ的な音楽になっている。このことは、同時代の、たとえばヘンデルとか別の形の作曲家テーレマンと比べるとはっきりする。しかも彼は、高度に普遍的である。その点ではヘンデルもテーレマンもおよばない。芸術での摂取とか影響とかに関する問題のむずかしい点もそこにある。

だが、ここでは、それに立ち入る必要はない。必要なのは、この二重唱で歌っている魂とイエスを、たとえば、モーツァルトの《フィガロの結婚》の手紙の二重唱と比べてみる楽しみを、読者に紹介することだろう。

第四曲は再び合唱、コラールが合唱のテナーで歌われ、そこに弦と低音が強い対照を作る。これも有名な曲である。

このあと曲はクライマックスからしだいに終段に向かい、バスのレチタティーヴォと、ソプラノとバスの短くて平明だが、実に温かく快い二重唱があって、終曲の単純なコラール様式の合唱で結ばれる。これだけの曲であるが、これを聴くと、新鮮な力強さと繊細さ、華麗と端正、質朴と精緻、平明と隠微、こういったものを単純なコラールを中核としてらくらくと一つに融合しているバッハとは、一体なんという巨人だろうと思わないわけにいかない。

今度は、私はレコードの演奏についてあまり具体的に書かなかった。これはクルト・トーマスが、まだライプツィヒのトマス教会のカントルをしていたころ、その土地の音楽家を中心としてまとめ、そこにエリーザベト・グリュンマー（ソプラノ）、ハンス＝ヨアヒム・ロッシュ（テナー）、テオ・アダム（バス）の三人の独唱者が加わった演奏である（〔エンジェル　AA九七一二〕（LP）として発売されていたが、現在廃盤）。同種のドイツ・エレクトローラ盤のレコードを見ると、一九六〇年六月にライプツィヒで録音したと書いてある。

クルト・トーマスは、その後間もなく東独を去り、西独に移った。グリュンマーがベルリンのドイツ・オペラ劇場の専属歌手であった一九六三年、同じ一座といっしょに来日して《フィガロ》の伯爵夫人その他を歌ったことはわざわざ書くまでもなかろう。あのときの彼女も気品があってすばらしかったが、ここでの歌も実に良い。むだで必然性のない声の技巧を凝らしたり、特にバッハで耳ざわりな過剰なヴィブラートがないのが、ますます彼女の歌唱を内容的にも高めるもとになっている。テオ・アダムも良い。問題は合唱だろう。これはもっと良い演奏がほしい。

クルト・トーマスには、私はなんの不満も覚えない。リヒターほど知的ではないが、けっしてロマンティックでもない。ほどよい中庸といえば平凡ととられるかもしれないが、そうではない。自己主張はないが、けっして把握が弱くはないのである。この人も、いつかミュンヒェンからオーボエのヴィンシャーマンを頭にバッハ・ゾリステンの一行が日本に初めて来たとき同行して、チェンバロを弾いていたはずである。あれは、西に移って間もないころだったように覚えている。先日、わが友にして博識無比の柴田南雄の話によると、東独の印刷物で見ると、トマス教会のカントルの系譜は、彼の前任者ラミンからすぐ現任者につながっていて、その間にいたクルト・トーマスの名は抹殺され、空白になっているのだそうである。

# アリア集

マグダレナ・コジェナー（メッツォ・ソプラノ）
マレック・シトリンツル指揮
ムジカ・フローレア
CD［アルヒーフ　POCA一一六三］

声楽は器楽とはずいぶん違うものだ。歌手の一人一人がそれぞれ別々の「響き」をもった音を出すのだから。もちろん高度の音楽的訓練を受けた職業的音楽家の場合は、まず発声の基本というものがあって、それは、一口でいえば、万人に共通する性格の声の出し方である。だから、どんな歌手でも、専門家ともなれば、共通の「音」を出すわけである。

でも、やっぱり、一人一人違う。それは声楽家の身体のつくり、発声に必要な肉体的条件の違いからくるものだろうが、それだけでもない。これには実に微妙な、ほとんど無数のこまかな違いがからんでくる複雑な事情がある。

早い話、私たちが普通話しているとき、誰と話しているか、誰が話しているかを認識できるのは、「声の違い」を知覚できるということが、大きな働きをしている。相手の顔や姿を見ながら、話をするというのも大きなことには違いないが、人それぞれのもつ「声音」を識別することによって、誰であるかを認識するだけでなく、多くの場合、その人の感情の動きまでわかりながら、「話を聞く」わけである。「声楽」はその「声」と切り離せない。そうして、その声は人間がみんなそれぞれ違うように、それぞれによって違う以上、その声でやる音楽も、どうしても、違ったものにならないわけにいかないというわけである。

器楽――つまり、ピアノにせよ、あるいはヴァイオリン、あるいはオーボエといった楽器による音楽だって、ひく人それぞれの出す音の音色とかその他の特質の違いで、同じ曲だって違って鳴る部分はあるのはいうまでもない。しかし、その違いは声楽における声の違いほど千差万別しているとはいえない。フィッシャー＝ディースカウやシュヴァルツコプフの歌、カラスやキャスリン・フェリアーの歌は、聴いた瞬間に、「あっ誰々だ」とわかるけれど、器楽になると、その事情はかなり違ってくる。ヴァイオリンでいえば、ハイフェッツの音は、どんな人とも違っていただけでなく、すぐ「ハイフェッツだ」とわかるくらい、断然特別の音だったが、彼と同じように有名な名手のみんながそれと同じくらいいつも「自分の音」で弾いていたとは限らない。いや、名人であっても、それほど特別な音をもっていたとは限らない場合でさえ、なくはなかった。まして合奏、管弦楽ともなると、目をつむって聴いて、これはロンドン交響楽団、これはアムステルダム・コンセルトヘボウと即座に区別できるだろうか。少なくとも、私は、できるときもあるかもしれないが、わからないことも少なくないだろう。

前おきが長くなったが、こんなわけで、「歌」を聴くときは、私は、器楽を聴くときと同じようにはいかない。むしろ、正直いって、歌い手による違いの大きさにとまどうことが少なくないのである。

でも、逆に、何といい声だろう！　と、即座にひきつけられることもなくはない。近年でいうと、チェチーリア・バルトリがそうだった。私はどちらかというと、声楽曲より器楽曲を聴く機会のほうが多いので、バルトリのことも、ずいぶん遅く知った――というより、彼女がセンセーショナルな成功を収めてもう何年にもなるといったころ、初めて聴いたのだが、聴くなり、ひきつけられた。フランス近代音楽の軽いメロディーものだったが、本当に楽しく聴けた。

つい最近、マグダレナ・コジェナーというメッツォ・ソプラノのCDを聴いた（一九九六年の録音で、CDは［アルヒーフ　POCA一一六三］）。この人もよかった。バッハのいろんなカンタータや受難曲、ミサなどから個々のアリアをとりだしてきて歌ったCDで、ふだんなら、私がそう始終手にとる種類のCDではないのだが、たまたま新譜で目にとまったので聴いてみたのである。

最初に《マニフィカートBWV二四三》の中の〈わが霊、わが救い主なる神を喜び、讃う〉というのが入っていたが、その声の深々とした柔らかさと奥行きのある豊かさ、余裕のあるしっかりした音のつくり、それから特にフレーズを弱音で軽く歌い終わるときなどの余韻のある快さ。リズム感もいいし……。

チェコの出身だそうだが、そういえば、チェコからはルチア・ポップだとかグルベローヴァとか今世紀の名歌手だけでも幾人も出ているが、あすこにはよほどすぐれた教育の伝統があるのではなかろうか。

といっても、この人はグルベローヴァのようにほかに比較する人もないようなコロラトゥーラのテクニックの卓抜さと表現の華麗な多彩さといった点でとびぬけた存在になるというタイプとは少し違うみたいである。もっとも、私の聴いたのはバッハのアリアばかりだから、こんなふうに比較するのは見当違いというものかもしれない。ライナー・ノーツによると、彼女はオペラにも出演、《コジ》のドラベラ、《アルジェのイタリア女》のイサベラなどなどを歌って評判をとったと書いてあるから、私のような声楽にあんまりなじみのない人間があれこれいうべきではないかもしれない。それより、いちど、彼女のリサイタルだけでなく、オペラの中での歌いぶりをみたいものだといっておくのが正しいだろう。何しろ、バッハだと、ヴィブラートのやたらかかった華やかな歌い方より、むしろ、弦の古楽器による演奏を聴くみたいに、地味な弾き方に近い音色で、個々の音だけでなく、フレージングからアーティキュレーションといった「知的な音楽の文法」に密着した面で実に整然とした美しさを感じさす歌い方で私をひきつけたのだから。

昔は、バッハを歌うときは、オペラと違うのだからなどといいながら、じっくりと地味に歌って聴かせるのを得意とする人もいたけれど、このごろはどういうことになっているのか。たとえば、ヤーコブスが指揮して入れたベルリン古楽アカデミーによる《ロ短調ミサ》を聴くと、〈Laudamus te〉のあの美しいアリアなど、ヒレヴィ・マリンベルトというソプラノが歌っているのだが、この人の声のヴィブラートの豊かなこと。いってみれば、カラヤンがベルリン・フィルを指揮して入れたバッハの大作みたいに豊麗極彩色の響きになっている。これはこれで、とってもきれいで、私は悪口なんかいう気になれない。ティツィアーノかヴェロネーゼといったルネサンス・ヴェネツィア画派の極彩色の絵を連想さす。とにかく、マリンベルトというソプラノの歌うバッハは本当にきれいだ。ヤーコブスほどの人が彼女のこの歌を採用している以上、バッハはこう歌ってはいけないということはないのだろう。

だが、コジェナーのあんまり飾りのない声で歌われたバッハも本当にいい。それぞれの音（彼女の歌の音程もすばらしい）を一々飾り立てなくとも、バッハは旋律をびっくりするほどたくさんの装飾音でとりかこんでいる。バロック建築の装飾のにぎやかさを思い出さずにいられないほどの……［譜例1］。

［譜例 1］

Lau - da - - - - - - - - - - - - - - - -
- - - - - mus te, lau - da - - - mus te

それに、彼女は、このふしを歌うのに特に弾みをつけて、いかにも「神を賛美しているかのような表現」をするようつとめているようでもない。ひたすら、「歌っている」のである。最初に書いたような、豊かで、底の深い、ゆとりのある、柔らかな声でもって。

このCDにはピーター・チョーニーという人の彼女の紹介文が載っていて、それは行き届いた良い紹介文で、どんなCDもこういうスタイルの紹介がついていたらどんなによかろうと思ってしまうのだが、その中で、彼は一つ一つのアリアについて手短かにふれた上で、バッハ歌手としての彼女の偉大さの発揮されたものを一つあげるとすれば、《マタイ受難曲》からの〈わが神よ、憐れみください〉（第三九曲）だろうと言っている。たしかに、これもりっぱな歌いぶりだ。でも、ここで「わたしの涙にかけて、憐れとみてください。この心と眼とがあなたの前で激しく泣いているのを」という悲痛なテキストにもかかわらず、彼女の歌いぶりはひどく悲愴で、劇的なパトスにあふれる歌といった趣のものとは違う。

いや、まったく逆なのだ。あくまでもゆっくりしたイン・テンポを守りながら、静かに、どちらかというと淡々と歌ってゆく。しかし、一つ一つの音のきちんと定まった高さと、そこから生まれてくる豊かなふくらみ。澄んだ水が何かのことでふくらんでくるかのような抑揚の美しさといったらない。最初の erbarme dich, mein Gott と始まるときの、それぞれの音、特に erbarme の中の a の美しさといったらない。それから、場合によって、時々、ちょっと耳に残るRの音。豊かな声と、そこにこめられ、そこからにじみ出てくる「情感」の真実な訴えかけ。聴いていて、静かな悲しみが滲み出てくるのだが、しかし、それはすぐに涙を誘うというのでもない。ここにはロマンティックな直接的なアピールはないのだ。

もう一つ、彼女の歌を支えたり、リードしたりしている器楽の演奏にふれることを忘れてはいけない。これはムジカ・フローレアというチェコの古楽器のアンサンブルの演奏で、マレック・シトリンツル（Marek Štryncl）という人が指揮しているのだそうだが、実にいい音楽を聴かせる。こちらのほうは、たとえばこの曲では、実にしみじみとした情趣をたたえた音楽をやって、美しい、だが飾り気のない――白粉っ気のない、素肌の美しさそのままみたいな――歌を支えている。低弦のピッツィカートと高弦のきれいな音の流れ。このオーケストラも、私は初めて聴くものだが、やっぱりヨーロッパ、それも中央ヨーロッパの音楽家たちだなと思う。日本でも鈴木雅明さんのバッハ・コレギウム・ジャパンとか、その他個々の古楽器の演奏にかけての名手が少しずつ出るようになってきたが、ヨーロッパには、オランダを中心とする西ヨーロッパだけでなく、中央ヨーロッパにも、私たちにはまだなじみがうすいけれども、本当に良い音楽を聴かせる人々が少なくないのである。このCDでも、もし彼らの音楽がここまで「本物」でなかったら、せっかくのコジェナーの類いまれな美声をもってしても、こんなにすばらしいバッハにはならなかったろう。同じバッハ、同じバッハのあれこれのアリアといっても、はじめに書いたように、歌い手によってすごく違って聴こえる。

しかし、コジェナーのバッハを聴いていて痛感するのは、芸術はセンチメンタリズムから切り離されたものだということ。少なくとも、偉大な芸術は決してセンチメンタルなものではない。laudamus te と歌い、erbarme dich, mein Gott と訴えかける音楽を書いているときも、バッハは決してセンチメントだけに訴え、感動させようなどしていないのだし、歌手たちもそれをしっかり守らなければならない。weinte bitterlich と書いてあったって、泣く必要はないし、泣いてはいけないのだ。これは何もバロック音楽を演奏するときの様式論的な心得といったものではなく、それを越えて、芸術全般——ことに偉大な芸術全般に通じることなのである。コジェナーのすばらしさはこの大切な点にも出ている。

# 管弦楽組曲第二番ロ短調

この曲は、バッハがケーテンにいる頃書かれた。バッハは管弦楽組曲を、他に三つ書いた。組曲というのは、元来が舞曲に由来し、芸術的に洗練されてきたものをいくつか組み合わせてできたもので、アルマンド（ドイツ風という意。あまり速くない）、クーラント（走るという意。フランス系の舞曲）、サラバンド（スペイン系の荘重な舞曲）、ジーグ（イタリア系の速い舞曲。主にポリフォニックなスタイルで書かれる）の順で書かれるが、その前に序曲がついたり、メヌエット、ガヴォット、ポロネーズその他の曲がはさまれることも多い。

バッハのこの種の曲は、フーガなどにみる厳格で高度に知的な形式の達人バッハと、宗教音楽にみられる宗教的霊感に満ちた、敬虔な偉人バッハとはまた違った、美しい飾られた礼服をまとい鬘《かつら》をつけた、十七世紀風の宮廷人たちの社会を反映した音詩人としての、彼の一面を語るものである。

ここにとった《ロ短調組曲》は、フルート独奏と弦楽合奏のために書かれ、第一曲は、〈序曲とフーガ〉、第二曲は〈ロンド〉（普通の舞曲という概念を通りこして、技法的にも高度に書かれている）、第三曲〈サラバンド〉（高音部と低音部とが5度で模倣進行する）、第四曲〈ブーレ〉（フランスに起こった四分の四拍子の速い踊りの曲）、第五曲〈ポロネーズ〉（ポーランドに発し、この頃西欧に入ってきた。当時の西欧の宮廷人にはエキゾティックな魅力がたっぷり感じられたのであろう）、それから〈メヌエット〉、終曲が〈バディヌリ〉（おしゃべりというフランス語に発した、軽快で洒落た曲）となっている。全曲を通じて、いかにも明るく楽しげで、一点の曇りもない。

音楽的表現におけるこうした晴朗さは、後代にゆくほど、しだいに音楽から失われてしまった。それともう一つ指摘しておきたいことは、ここでみるように、当時のヨーロッパの貴族およびそれをめぐる社会は、ヨーロッパというものを一つの協同体として、意識していた。彼らにとって各国間の差は、ヨーロッパという共通の地盤にたったうえでの地方色にすぎなかったのではあるまいか。したがってバッハも、イタリア、フランス、イギリスなど他国の音楽からいれるべきものはどしどしとりいれた。彼は別にドイツの音楽を書こうなどと考えていなかった。

# 「最高」のバッハ——ブランデンブルク協奏曲（全六曲）

カール・リヒター指揮
ミュンヒェン・バッハ管弦楽団
CD［アルヒーフ　F38A二〇〇五四〜五］

1

今日は一二月一日の日曜、最初のアドヴェントである。Advent というのは、キリスト降誕の一二月二五日の前四週間、日曜日ごとに、第一、第二という具合に数えて、クリスマスにいたる祝いの行事である。ドイツでは、この日から樅《もみ》の枝で環を作り、蠟燭《ろうそく》を燈し（第一の日曜は一つ、ついで二つと増してゆく）、胡桃《くるみ》だとか堅い菓子などを卓上に備えて祝う。街はもう霜や、早い年は降雪を見たりしたあとで、たとえそれがなくとも厳しい寒さで身がひきしまる。日はむやみと短く、夜はやたらと長い。しかし、クリスマスの到来が間近となって、単に街の飾りつけが始まっているというだけでなく、人びとの心にも明るい灯が燈り出すのである。北国にいると、クリスマスというものの逆説的なあり方のおもしろ味というか、およそキリスト教という宗教に充満している逆説が痛切に響いてくる。世界に光と希望をもたらす人が生まれるのは、夜が長く、そうして寒さの厳しい時間、つまり生命にとっていちばん苦しく暗い時刻であり、その人は万能の救い主であるのに、このうえなくかよわく、なんの防衛力もない赤子として、このうえなく貧しいところで生まれる。光は闇から、そうして力は無力から生じてくる。ここからマルクスの思想の生まれるのは遠くない。

このころになると、どの家庭もクリスマスの仕度で忙しくなる。その中には家族や友人たちへの贈物の用意も大きな部分を占める。ドイツ人は、贈物をするとなると、相手の趣味を考えたり、このごろは何をほしがっているようだとかねがね当たりをつけておいて、それに合わせ、よく考え、何度も店に通ってからきめる。手間暇のかかる話だが、由来、贈物とは物を贈ると同時に親愛の心を贈る行為なのである。

レコードも、その贈物の対象になる。したがってレコード会社も、それに合わせて、年末の贈物にふさわしい特集を出す。もう、八月、九月からそろそろ専門家たちに対する宣伝を始め、年末の買物シーズンには批評も一応出揃っているような手はずになっている。今年のドイツ・グラモフォン・レコードでいうと、カラヤンの復活祭のザルツブルク音楽祭の二年目の出しもの、ヴァーグナーの《ラインの黄金》（これが三枚で普通なら七五マルクが売出し期間は五八マルク。期間がすぎると普通の値段に戻る)。ベーム指揮の《フィガロの結婚》(四枚で一〇〇マルクが六八マルク)、前衛音楽特集六枚組が九〇マルク、といった調子で、全部で六種目あった。ごらんのごとく、売れそうもない二級品でなく、粒選りのものを、こうして廉価で売るのである。こういうことは、本の場合も、同様だ。

私が、ここにとったリヒター指揮の《ブランデンブルク協奏曲》全曲セットも(一九六七年の録音、CDは[アルヒーフ　F38A二〇〇五四〜五])、その一つで、二枚組だが二九・五マルクで売り出される。

2

季節が季節であるから、何かバッハのカンタータでも、とも考えたのだが、やはり、これにした。曲はいうまでもなく、リヒターのミュンヒェン・バッハ合唱団や管弦楽団を指揮したレコードとしても、今さら珍しくもない。しかし、聴いてみれば、あげざるをえない充実感である。大きくて豊かで、尽きることのない喜びの波に、自然と身を任せるほか、どうしようもないのである。心に明るく楽しいことをもつ人に、あるいはじっくりと嚙みしめなければならない静かで大きな悲しみをもつ人に、この曲、このレコードは、およそ音楽でするなら、最も純粋で高い贈物となるにふさわしい。渇いたものに与える清冽の水でもあれば、もっと喜びをと望む人に一滴の興奮でも刺激でもなくて、それをより持続的に高めてゆく力の源泉となる。

《ブランデンブルク協奏曲》は、私は妙なことに、〈第六番〉から親しみ出した。弦楽合奏だが、ヴァイオリンがなくて、ヴィオラ以下の取り合わせによる地味な曲である（オリジナルでいえば、ヴィオラ・ダ・ブラッチョとヴィオラ・ダ・ガンバにチェロ、ヴィオローネ、チェンバロという編成になる）。SP時代に出たH・J・ウッド指揮のレコードで聴きなれたのだが、私は本当に好きだった。両端の速い楽章も中間のフガートの緩徐楽章も。音楽の醍醐味とはこれかと思い、以来その考えは今日まで本質的にはちっとも変わっていない。ウッドの指揮は、遠い昔のことなので、もうはっきり覚えていない。しかし、今度のリヒターのは、新しいけれど、昔のその覚えているともいわれない演奏と比べて、それほど違うまい。ただ、速さがもっと速く、そうしてダイナミックとアクセントがはるかに正確に「バッハ」になっている。

そういう点では、これも遠い昔の思い出にあるフルトヴェングラーの指揮した〈第三番〉との相違はずっと大きい。あれは、とても思い入れたっぷりのものだった。巨大ではあったがロマンティックな表情が過剰で、要するにヴァーグナーの《ニュルンベルクのマイスタージンガー》の前奏曲の様式だった。

それから、戦後でいえば、ミュンヒンガーのバッハ一般、《ブランデンブルク協奏曲》の演奏は、いかにも洒落ていたが、バスが弱く、ということは和声の流れの土台ががっちりしていないために、深みと奥行きが十分に出なかった。そのため、一口でいえば、すべてが装飾的になりやすい。

洒落ているといえば、カラヤンのもそうである。ただし、これは、私はレコードでなく、実演で聴いたのだが、カラヤンのは、なんといっても美しいことは争われないことにカンタービレがときにふるいつきたくなるほど美しい。だが、これも、本当には気に入らない。彼が、いかにも、一切の虚飾と力みと誇張をうけつけずに、瀟洒《しょうしゃ》に粋に、そうして純粋に音楽しようとするのは、よくわかるのだが、バッハの骨組は出てきても、精神性は感じとれない。なぜか？

3

結局、これまでは昔のウッドを越すものはなかった。けれども、あれでは大変困る点もあった。ひょっとしたら、それこそ録音の問題であるのかもしれないが、バッハの曲の全部の声部が一つ一つ明確にはたどれなかったからである。私の記憶は十分に正確ではないのだが、この点だけははっきり覚えている。私はスコアを見ながら、レコードについていっていろんな声部を小声で歌ってみるのだったが、レコードでは、声部により、場合により、よく聞こえないのだった。

リヒターのは、その点、驚異的に、はっきりしている。六曲の協奏曲のどの個所をとっても、声部は全部ついてゆかれる。もちろん、私は全曲を暗譜しているわけではないので、スコアなしにはできない。しかしスコアを手にとっている限り、こんなに楽しいことはない。私たちはこれを聴きながら、直ちにその合奏に参加することができる。あのすごい高音部のクラリーノ・トランペットだろうと、あるいはブロックフレーテ、中声のヴィオラ、それからチェロであろうと。

しかし、それは曲を少し聴き込んでからである。まず針を下ろして、数秒で気がつくのは、リヒターのテンポの良さである。バッハのテンポのどれが正しいかをきめるのは、ほかの音楽家の場合に比べても、また一段と困難である。リヒターで聴いてみれば、「正しいテンポ」というのが、やはり、あるのだという気になってくる。それくらい、これは言葉のもとの意味の通り、アレグロ、つまり快速であり、快適である。レコードの第一面、〈第六番〉のフィナーレから、〈第三番〉に入ってゆく、そのアレグロの良さ。正確であり、しかも、粋である。〈第六番〉の重厚にして一種の粘り気のある八分の一二拍子のアレグロから、〈第三番〉のアラ・ブレーヴェの冒頭への変化の自然な爽やかさ。これは、レコードで、こういう組み合わせになっているための、半ば偶然の現象でもあるが（ただし、このレコードは《ブランデンブルク協奏曲》六曲がⅥ、Ⅲ、Ⅰ、Ⅱ、Ⅳ、Ⅴの順に入っている。〈第三番〉と〈第一番〉を逆にしさえすれば、作曲順となるわけだ）、こういう楽しみを遠慮する必要はないだろう。

そのつぎに、リヒターのバッハのすばらしさは、フレージングの正しさにある。これがフルトヴェングラーをはじめ、ほかの非常に名声の高い指揮者の場合にも必ずしもできない点であり、リヒターの解釈の、現代の演奏としての代表的存在たるゆえんの一つである。

それとアクセントの的確さ。カラヤンの巧緻にもまして、これが、また、バッハ演奏の死活を決定するキー・ポイントとなる。〈第三番〉も顕著な例だが、〈第一番〉もあげておこう。ちょうど、ドイツ語の表現が、正しいアクセントにより死んだり生きたりするように、バッハの音楽言語でも、正しいアクセントのない単語はないのである。それは、単語（つまり一つの音型）の中での正しいアクセントのおき方に関しても重大であると同時に、一つのフレーズ、一つのセンテンス、つまり楽節、楽段の中でも、それなしにはすまないものとなっている（こういう点で、フランス人のバッハには、ときどき、おかしなことがある）。

私は、バッハ学者ではないけれど、リヒターを聴けば、バッハのアクセントはどうあるべきかを学ぶことができると信じている。そうして、この正しいアクセントがあることがリヒターのバッハを、レーガーやヒンデミット流の新古典主義的バッハ、つまりバッハを純粋な音のアラベスクとして捉え、モーターのように回転させつつ前進さす、あの機能主義的純客観主義の罠におちることから救っている。バッハには、詩的音楽的ファンタジーがたっぷりあるのである。

もう一つの急所は、ピアノとフォルテ、つまり強弱のダイナミックの造形の確かさだが、それはまた、楽器のアタックとも強く結ばれている。これも、私のこの演奏を通じて教わったことである。〈第四番〉の曲（あのブロックフレーテ二本とヴァイオリン・ソロの特に活躍する曲）の中間楽章、ホ短調の音楽。これはチェロとバス、チエンバロの低いホの音から始まるのだが、そのアタックの力強さ。フォルテというだけでなくて、それは現代音楽で重視するアタックの強度いくつといって示したほうがふさわしい始まり方をする。もちろん初めだけではない。四分の三拍子で、八分音符二つずつをスラーでつないである動きは、ちょっとメヌエットのような感じを与えるが、その中で、バッハでなくて、モーツァルトのメヌエットに時にみられるような、ピアノとフォルテの交代が出る。こういうことを勉強するのは、ほかのどういう指揮者でやればよいのか。

総じて、リヒターのこの《ブランデンブルク協奏曲》では、アレグロ楽章が際立ってすばらしい。私は清冽と書いたが、ときには痛いくらい冷たく澄んでいたり、ときには、しかし、温かくユーモアさえあるのである。しかも、どこまでいっても、プログラム的なもので演劇化した動きは出てこない。ほかの人びとがよく使い、私は特別好きでもない、「健康」という形容詞は、こういう醇乎としたものに限ってなら、私も使ってもよい気がする。しかし、もっと正直に私の好みでいえば、この演奏は、最上質の白葡萄酒の味である。全然甘くない。生一本で、強健なのである。それは、緩徐楽章にもよく出ている。ここには、あとから味をつけた甘味と優しみは少しもない。淡々というのではないが、手加減した抒情性は厳しく排除されている。日本人の大方の好みはもっと砂糖っ気の多い甘さに傾きがちだと思われるが、ここで見るバッハのは、むしろ、生のままの森や野の香りの高い果実のもつ、酸味と甘さをそのまま合わせた、飾り気のない「自然」の味であり、その香りである。梨や林檎でいえば、人工的な味で固めた二十世紀とかデリシャスではなくて、あの渋茶色の粒を肌にもつ長十郎梨とか国光とかなどの味である。

そういうことは、合奏、この誠実鋭敏強靭な合奏の完璧さにもそっくり当てはまる。私は、スコアの各声部がそのままたどれ、口ずさみうるといったが、合奏は、各声部の正しさの帰結として、正確に一致してくるという形をとっている。みんなが合わそうと気をつけ合うからではないのだ。これは、見事なことであり、合奏の極意である。もちろん、これが容易にできたはずはない。そんなに具合が良く、あまくゆくものではない。厳しい訓練の結果に相違ないのだが、しかし、レコードから聴いて、その間の事情に遡ってゆくものにとっては、各自の正確さが合奏の厳密さを生むというふうに聴こえるのである。それくらい、各声部が「生きて」歌われているのである。どこも良いが、特に低音をたどるだけだって、楽しみは限りない。強くて、張りのある、まさに後期バロックの合奏協奏曲の最高の形体としての《ブランデンブルク協奏曲》にふさわしい低音である。

《ブランデンブルク協奏曲》では、〈第五番〉が最も人気もあり、しばしば演奏されるわけだが、このレコードで聴いてみれば、〈第一番〉も、〈第二番〉も、〈第四番〉、〈第六番〉、〈第三番〉、どれ一つとして、ほかに劣らない名作であるとわかるし、みんな好きになれるはずである。むしろ、この中で選り好みしたり、あるいは一曲聴いて、やめることのほうがずっとむずかしい。それに編成が各曲ごとに違うのも魅力であり楽しみである。〈第一番〉のホルン、オーボエと調弦を普通と違えたヴァイオリンの効果。〈第二番〉のトランペットと木管のかけ合い。〈第四番〉のヴァイオリンと二つのブロックフレーテの戯れ。〈第六番〉の前述のような地味なヴィオラの音色。スタイルも、それに準じて変わる。〈第一番〉はまるでカンタータのような旋律だ……という具合である。

私は先ごろベルリンで、リヒターの率いるミュンヒェン・バッハ管弦楽団・合唱団の演奏で、《マタイ受難曲》を聴いた。ちょうど、リヒターとその一行は、ソ連に客演にゆき、圧倒的成功を収めての帰りみちで、まるで凱旋軍のような意気で、自信に満ちあふれた演奏をした。といってもそれは何も威圧的なものというのではなく、堂々としていたが、どこまでも精神的に奥深いもののある安定した厳しさを失わないものだった。こういう演奏は、生涯にそう幾度もめぐりあえるものではあるまい。それまで、レコードで聴いていて、リヒターには厳しいが同時に冷たいものがあるような一抹の物足りなさを感じていたのだが、そういう偏見は、それを境に、私にはなくなった。リヒターのバッハは、現代が到達した一つの頂点であり、典範であると同時に、「現代の演奏」としても、最高峰の一つである。

私は、いつも「最高」のものばっかり好んで聴く趣味はないし、それを特に探そうと考えているものでもない。バッハには、まだ、別のバッハがいくつもある。そういう中で、リヒターのバッハと著しく違っていて、しかも、私を魅惑してやまないのは、グレン・グールドのバッハである。リヒターとグールドと、私は、そのどちらも捨てたくないし、捨てる必要を少しも感じない。音楽は、それを許すのである。Gott sei Dank.

# マリナーと室内合奏団の《ブランデンブルク協奏曲》

ネヴィル・マリナーとアカデミー・オブ・セイント・マーティン・イン・ザ・フィールズ（Neville Marriner and the Academy of St. Martin-in-the-Fields）の人びとの演奏というものは、実に画期的な、驚くべきもので、これを聴いていると、目の前に新しい世界の開けるのを覚える（一九七一年の録音、CDは［フィリップス　PCD四〇四七、八］㊖）。

私は「新しい世界」という。というのも、これは単に新しい「音」を私たちにもってくるだけでなくて、そのうらにその「音」をつくりだした新しい精神が確乎として存在し、新しい心情が脈々と鼓動しているのが、同時に、伝わってくるからである。

この人たちの演奏で私たちがこれまでに聴いたものは、ヴィヴァルディの《四季》だとか、あるいはハイドン、モーツァルトの交響曲だとか、それから、バッハの《ブランデンブルク協奏曲》六曲だとかであるから、「新しい世界」「新しい音」というのはおかしいではないかと思われるかもしれないが、それは、これらのレコードを聴いたことのない人の抽象的な一般論であって、もし、その人が、実際にこれらのレコードに一度針をおろしてみれば、そうでないことがすぐ分かるはずである。そこからは、これまでさんざん聴きなれてきたはずの音楽が、まるで違った響きとして聴こえてき、まるで違ったイメージを与える。これはもう、どうしようもない事実であって、どんな偏見の持ち主であっても、耳さえあいていれば、わかるはずのことである。

ただ、だからといって、聴いた人が、いったん驚いたあとで、「これは本当にすばらしい演奏だ」と考えるかどうか、それが、要するに問題なのだし、ここで私の考えを一言で言ってしまえば、それがまた、こんなにおもしろいものは類が少ないほどなのだ。刺激的とはいえないし、音がすごくきれいだというのでもない。そういうのと、たちの違うおもしろさなのである。

そこで、私たちは、では、どうして彼らの演奏が新しい音とイメージをもってきたかを知る努力をしてみなければならない。つまり、どこがどうなっているから新しく聴こえるのか？　を調べてみなければならないことになる。

《ブランデンブルク協奏曲》の場合は、エリック・スミスのノートがついているから、まず、それを読むと、非常に多くのポイントが明らかになる。その全部を引用してみても仕方がないから、その要点だけを言えば、すべての努力は、バッハの《ブランデンブルク協奏曲》の正確な再現をめざして行なわれているというにつきるだろう。

バッハは一七二一年の三月、ブランデンブルク辺境侯に宛てて、非常にバロック的な、重厚で、くどいまでに丁重なスタイルの捧呈文をそえて、六曲の協奏曲を捧げた。しかし、これらの曲は、彼がそのときに新しく作曲したのでなくて、それより数年前にすでに作曲したものを新たに浄書してさしだしたのだった。そうして、そのときの浄書された版のもとになったものからまた別に他人の手によって書き写されたとおぼしい版が別にあり、それはこれらの楽曲のよりオリジナルな形を保持していると思われる。このレコードは、そのオリジナルをできる限り正確に再現しようという努力の結晶である。元来が、これらの曲は、スミスのノートにもあるように、バッハがこれを作った当時勤務していたアンハルト・ケーテンの宮廷の楽団の編成にぴったり合わせて作曲されていたものであった。だから、このレコードで演奏された曲も、《ブランデンブルク協奏曲》というよりは、むしろ「ケーテン・コンチェルト」と呼ばれたほうがよりふさわしいことになるのかもしれない。といっても、何も私は、考証的な興味からそう言っているのではない。

そうではなくて、こうしてオリジナルな形に復元することによって、これまで長い間、信じられ、その立場から解釈されてきた《ブランデンブルク協奏曲》についてのあやまったイメージを打破しようという試みである点に、本当の意味があるからである。

これまでは、《ブランデンブルク協奏曲》はコンチェルト・グロッソ、つまり少数の独奏者のグループが何人もの奏者からなるパートをもったより大きなオーケストラと対立的に扱われるよう構成された曲の伝統に属するという考え方があったけれども、それは「誤った考え方」であって、最も早く書かれ、まったく別の背景をもつ〈第一番〉だけは別として、あとの五曲はすべて、書かれたパートはどれも、何人かでなくて、単独の奏者によって演奏されることを前提に構想されていた。だから、これまでの誤った考え方と、それに基づく伝統とに真正面から対決し、本来の正しい形に戻そうという思想と、その復元の試み、それが、このレコードに聴かれる演奏を成立させたのである。

こういうことは、この楽団の指揮者ネヴィル・マリナーや、彼の友人で、チェンバリストでもあれば音楽学者でもあったサーストン・ダートの考えであったと同時に、彼らはまた、現代のすぐれたバッハ学者ハインリヒ・ベッセラーの研究によっても示唆される点が多かったに違いない。そのことは、このレコードについたスミスのノートによるほか、ベッセラーが自分の校訂したベーレンライター社出版の《ブランデンブルク協奏曲》のポケット・スコアにつけた序文にも、はっきり出ている。そのほか、〈第二番〉が、第一、第二楽章についで、あとトリオを二つもつメヌエットの楽章で終わっている点なども、ベッセラー版のスコアの付録に現れた考え方と一致する。もちろん、ネヴィル・マリナーとダートは、ベッセラーの考えをそのまま踏襲しているのでなく、異同もいくつかあり、たとえば〈第二番〉ではこのレコードではトランペットの代わりにホルンが使われているが、ベッセラー版は、世間で普通使われているのと同様、トランペットと指定している。

以上のことがわかったとして、しかし、演奏そのものはどうか？　これこそ、私が、あらゆる音楽ファンに自分で直接聴いてほしいところなのだし、初めに書いた通り、その特徴はあまりにもはっきりしており、一度聴けばもう、どんな人も見違えようがないから、あえて、私が書いてみる必要はまったくないようなものである。

「トゥッティ」の各パートが、それぞれ一人で弾かれているということは、大づかみにいえば、これまで伝統的に数のうえで圧倒的だった弦楽奏者の比重が全体として減ることを意味する。だから全体の音色は、これまで私たちが聴きなれてきたものとずいぶん違ってくる。そのうえに、ここでは、もう従来の洗練の極をつくした音色の官能美の追求ということがなく、やたら弦にヴィブラートがかけられるということもないので、全体の音色として、渋い——というのでも荒削りというのでもないのだが、底力のある逞しさというか、雄渾と素朴を合わせもったというか、そういった趣が支配的になる。同じ宮廷といっても、十八世紀前半のドイツの地方諸侯の一人の宮廷の雰囲気がフランス国王の宮廷のそれのように典雅ないしは壮麗、優美あるいは軽妙を極めていたはずはないが、特に、こういう《ブランデンブルク協奏曲》のような、音楽的実質において音楽千年の歴史を通じて第一級の充実をもちながら、外見はあくまで地味で、控え目で、飛躍の閃きに乏しいとさえ見える、そういうものの本当の重さと凄さ。そういうことも、バロック的な躍動と均衡の様相の一つなのであり、聴くものにそういうものの美しさと尊さという価値を再発見さすという点で、この演奏は、ちょっとほかに比べるもののない価値をもっているのである。

それに、この演奏では、芸術としての精神の高貴がある一方で、演奏するものの肉体の動きが生々しく、汗くさいまでに伝わってくる。

そのうえで、個々の点についていえば、これまでなれたものがなくなってしまっていたり、先にふれたように〈第二番〉でトランペットでなくてホルンがソロに加わっていたり、〈第五番〉の第一楽章のあの長いチェンバロのカデンツァが短くなっていたり、逆に〈第三番〉で第一と終楽章の間にはさまれたたった二つの和音だったものが、長い独立した緩徐楽章になっていたり、あるいはまた、〈第一番〉の第一楽章が始まって間もなく、短いがすごく迫力のあるクレッシェンドがあるのに驚かされたり――こうして個々の点をひろってゆくと、きりがないほどの驚き、楽しみ、魅惑等々、実にたくさんの初めて聴くものが提出されているのである。

私には、バッハは、そうして《ブランデンブルク協奏曲》は、どんなに聴いても聴き飽きることのない、ごく少数の芸術家とその作品に属する。それだけに、私もこれまでずいぶんいろいろな演奏で聴いてきた。しかし、このレコードの演奏は、ひとり《ブランデンブルク協奏曲》の演奏の歴史に新しいページを開いたというだけでなくて、過去の名曲演奏の歴史全体の中でみても、画期的な意味をもつものといわなければならないだろう。

# ティボール・ヴァルガ讃——ヴァイオリン協奏曲第二番、他

CD［クラーヴェス　KICC七二四三～六］（廃盤）

ティボール・ヴァルガというヴァイオリンの名手のことは、以前から聞いていた。しかし、実際に彼の演奏を聴いたことはなかった。

その人の独奏や指揮や、そうして協奏曲で指揮しながらソロを弾いているのを四枚のCDアルバムにしたものが、少し前に送られてきたので、そのことを書きたい（一九三五～一九七六年の録音、CDは［クラーヴェス　KICC七二四三～六］㊪）。実は前にカール・ベームの記念アルバムにふれたばかりだし、続いて回顧的なものを書くのはためらわれるのだが、新しいものを書く機会はこれから先にもあることだし、許していただきたい。

アルバムには、協奏曲としてバッハの《ホ長調》（BWV一〇四二）、モーツァルトの《第五番》（K二一九）、それからチャイコフスキーの《ニ長調》（作品三五）、ブル

ッフの《第一番》（作品二六）などが入っている。

私はその中のバッハを聴いた。そうして、とてもおもしろく思った。

ヴァルガで聴くと、バッハがとてもロマンティックに聴こえる。彼のヴァイオリンは、いわゆる「聴くものの心の琴線にふれる」というタイプである。この人は、一九二一年、ハンガリーのジェル（この地方はヨーゼフ・ヨアヒムとかレオポルド・アウアー、カール・フレッシュ、それから指揮者のハンス・リヒターなどを生み出した、十九世紀の西洋音楽の歩みの上で極めて大きな足跡を残した地域だった）の生まれだという。はじめ父親にヴァイオリンの手ほどきを受けたあと、近くの音楽学校に通ったりしていたが、一〇歳でメンデルスゾーンの協奏曲を弾いたのを、同じくハンガリーの名手イェネ・フバイに認められ、ブダペストに出て、さらに勉強を続けることになった。

そのブダペストで、彼はフレッシュにレッスンを受けたが、フレッシュは彼に「ヴィブラートが遅すぎる」という注意をしたという。そのとき、ヴァルガには、その意味がわからなかった。だが、そのあと彼はクライスラーを聴いて、すごく感動すると同時に、自分でも弾きたくなってしまい、音楽会は前半を聴いただけで家に帰り、夜おそくまでヴァイオリンを弾きながら、ついに、あらゆる表情が出るよう、ヴィブラートを弾きわけるコツを会得した。これはこのアルバムにつけてある『ヴァルガへのオマージュ』の中で、マーゴット（Anne-Lyse Margot）という人が書いていることの受け売りである。そのあとでヴァルガを聴いたフレッシュは、「私のやることは全部すんだ」といったそうだ。このほかに、ヴァルガはポーランド出身の名人、ブロニスラフ・フーベルマンにも深い感銘を受け、フーベルマンの演奏会では譜めくりをしたり、練習を自由に聴く特典を与えられたりしたようだ。ヴァルガはフーベルマンについて、彼はハイフェッツに劣らないテクニックをもった偉大なヴァイオリニストで、「どんな表情を弾いても人を震え上がらせるような雰囲気を持つ驚くべき芸術家だった」と語ったという。

私は、このいくつかのエピソードの中に、ヴァルガというヴァイオリニストを聴く上での重要なポイントのいくつかが、すでに、語られていると思う。

前に書いたように、彼のバッハを聴いて、私が受けた最初の印象は、バッハの音楽が、聴くものの心を強くとらえ、深くゆさぶらずにおかない力をもったものになっているという点である。いかにバッハという人の音楽が――たとえばヘンデルの古典的なたたずまいとディグニティをもった音楽とは対照的な――形でなくて「魂に直接、深く、そうしてインティメイトに語りかけてくる音楽」であるかが、聴くものにはっきりと伝わってくる。

ヴァルガのバッハは岩の間から滴りおちる清水のように、聴くものの魂に沁み入る。

その意味で、これは実にロマンティックなものだ。そこが、たとえば日本で非常にもてはやされた指揮者メンゲルベルクのバッハ――《管弦楽組曲第二番》などの解釈――に共通する点でもある。ただ、ヴァルガのバッハには、メンゲルベルクと違って、明らかな誇張がない。リズムのとり方でも、やたらルバートをかけた感傷的なものではなく、むしろ、実に整然たる進行の音楽でありながら、琴線にふれる表現になっているのである。

というのも、ヴァイオリンの音楽のやり方の中で、ヴィブラートのかけ方は、その根幹の一つだろうが、その点で彼はめざましい特質をもっているからだ。私など、かつては、「バッハを歌うときはやたらヴィブラートを使って、オペラを歌うようにやってはいけない」といった話を聞かされていたものだが、ヴァルガでバッハを聴くと、ヴィブラートをかけたってちっともおかしくない。それどころか、さっきのエピソードにもあったように、あらゆる音楽の表情を使いわける上で、それぞれの表情にふさわしいヴィブラートのかけ方というものがあるのであって、ヴァルガはそれを徹底的に研究していたのである。そのヴィブラートの技巧を駆使しながら、彼の目指す音楽は、バッハのように純潔で、重厚で、どんなときも深い智慧の裏づけを感じさせずにおかない芸術となっているところがすばらしいのである。

ハンガリーは、本当におもしろい音楽国である。私はこの間もウィーンのフォルクスオーパーの連中のオペレッタを聴いて痛感したのだが、ウィーンのオペレッタからハンガリー・ジプシー音楽を抜いたら、どんなに活力のないものになってしまうかしれない。ウィーン的なおしゃれ、やたらとこせつかず、ものごとを性急にきめたがらず、余裕をもって「どっちつかずの合間」でものごとを処理するのが得意のあの味には、本当にすてがたいものがあるけれど、それだけでは、いくら洗練された雅びの香りはしても、生命感の躍動、活力ある沸騰がなく、ちょうどフライアのリンゴを奪われたヴォータンその他の「神々の一族」みたいに萎れてしまう。《こうもり》《ジプシー男爵》《伯爵令嬢マリッツァ》等々と《メリー・ウイドー》を比較してみるといい。

それに、この種のオペレッタと切っても切り離せない、あの大きくヴィブラートをかけ、甘ったるいポルタメントを大袈裟に使ったヴァイオリンの響きを思い出せば、ウィーン・オペレッタの活力の源には、ハンガリー・ジプシー音楽がどっかと腰をおろしていることは明らかだ。それはツィンバロンその他の民族楽器といっしょになって、作品の中心にどっかと腰をおろし、歌の中核となっている。そうして、このことが、特に十九世紀におけるヨーロッパのヴァイオリン演奏の歩みの中にも色濃く反映していることは言うまでもあるまい。こういったことが、十九世紀にさんざん利用され、濫用されたあと、バルトークを中核とする「真の民族音楽」を目指した二十世紀の音楽家たちによって、より純粋な形に戻そうという努力の中で異分子が篩《ふるい》にかけられ、精錬されれ、高貴なものになってきたのは、いうまでもない。おかげで、私たちは改めてハンガリー——だけでなく、要するに中欧、バルカン一帯のオリジナルな音楽の十九世紀的搾取に耐えぬき、生命力を失わなかった姿の一端にふれることができるようになったわけだ。話を、ハンガリー系のヴァイオリン演奏に戻せば、バルトークたちの——いわば純血主義的リゴリスムの進展と、手を携えて、新しい道をいったのが、たとえばヨーゼフ・シゲティのような二十世紀前半の「現代的な名人」だったのではないか。シゲティの感覚的な刺戟と官能的陶酔を狙わず、あくまでも知的で、音楽の精神美とディグニティの面の発揮を追求する上での、妥協のない、きびしい態度を思い出してほしい。そうして、このシゲティの弾いたバッハの〈シャコンヌ〉を覚えている人は、どんなに彼がヴィブラートを大きくかけて、豊麗な音を甘く鳴らすことなど、「無用で有毒だ」と言わんばかりに、ほとんど一種の恐れをもって慎しんでいたかを、思い出すだろう。あの人の音が「痩せて、脂粉の香りに乏しいもの」だったのは、技術的欠点というより、彼の精神的な態度の反映だったのである。

ヴァルガは、フレッシュにあらゆる表現に適合し使いわけるヴィブラートの重要性を指摘され、それをクライスラー、それからフーベルマン（この人もテンペラメントの豊かな、重く厚い音をもった名人であったわけだが）を間近に詳細に観察して、成長した人だ。こうみてくると、ヴァルガは、ハンガリー・ジプシー音楽の系譜から出発したあと、二十世紀のヨーロッパ音楽の流れの中で、一つの醇化を経て、完成度の高い純粋な音楽をやる土台に立って仕事をするところまで成長した人だと言っていいのではあるまいか。

今日の音楽家たち、ヴァイオリニストたちは、もうバッハをこうは弾かない。その意味では、ヴァルガは、クライスラーやシゲティやフーベルマンと同じく、過去の名人でしかなくなった。

だからといって、この人たちの音楽家としての功績、メリットがなくなったわけではない。そうして、今改めて、ヴァルガのCDを聴いて、私は新鮮な感動を覚える。《ホ長調》の協奏曲の第二楽章アダージョを聴いてみるがいい。これこそは、今もなお私たちの胸に深く喰い込んでくるバッハである。これは十九世紀から今世紀にかけて名手の輩出した地方に生まれた人の——ハンガリー・ジプシーの音楽の長い伝統に根ざしながら、二十世紀の、いわばハンガリー音楽のルネサンスで浄められたヴァイオリンの大家のバッハに捧げた頌歌なのである。

私は何カ月か前に発売されたシモン・ゴルトベルクのバッハのCDを聴いた。ゴルトベルクのそれも、今日のものではないが、今世紀前半の浄化作用を通過した「浄らかなバッハ」である点は、ヴァルガと変わらない。しかし、このポーランドに生まれ、ベルリンの伝統の中で育てられたゴルトベルクのバッハは、不思議なくらい柔らかな音をたてている。整っていて、少し行儀が良すぎはしないかと心配になるくらいだが、この人のは無理のないゆったりと余裕のあるヴィブラートから生まれてくる、ヴァイオリンの響きの柔らかな上品さで際立っている。私はそこにほとんど「貴族的気品」とでも呼びたいようなものを感じる。ヴァルガのは、整って、浄らかであるが、貴族的という感じではない。むしろ、多彩なヴィブラートの使い方が生み出す華やかさ、それから、最初に言った「聴くものの心の琴線にまっすぐに訴えかけるバッハ」なのである。私はヴァルガの音の「華やかさ」と言ったが、そういう点は同じセットの中のバッハよりモーツァルトの《五番》の協奏曲での彼のソロに、よりはっきり感じられるのはいうまでもない。これも、魅力的な演奏である。モーツァルトが生前ブダペストでどう受けとめられていたかはよく知らないが、このヴァルガの演奏はそのことの今世紀での一つの見事な答といってよいだろう。

また、チャイコフスキー、ブルッフの協奏曲の演奏ともなると、これはもう彼のお家芸にずっと近いものだ。

ヴァルガは、近年はずっとスイスのヴァレーに住んでいるようだ。そうして、そこで彼の名を冠した音楽祭が催されているという。

# シェリングとヴァルヒャ——ヴァイオリン・ソナタ集

このレコード（一九六九年の録音、CDは［フィリップス　PHCP二四〇四八〜九］）で共演しているヴァイオリニストのシェリングと、オルガニストでチェンバリストのヴァルヒャのことを、それぞれの楽器での現代最高のバッハ奏者と呼ぶ人が少なくない。これは日本でも、広く知られていることである。私は、そういう呼び方を好まない。しかし、そういう私もこの二人が、現代でのバッハの演奏様式の一つを最高の形で代表している存在だということには異存がない。

このレコードに聴く二人の演奏は、実に、厳しい。ヴァイオリンとチェンバロ独奏のためのソナタという種目が、すでにバッハの大きな独創的な創造精神から生まれた、非常に高い、そうして大きな未来をもった音楽の形だったわけだが、しかしこれはまた宗教的精神的な内容をもったものであるよりも、世俗的社交的な集まりで楽しまれるべき性格の音楽だったのだから、ここにみるようなアプローチだけが唯一のものかどうかという問題は、当然、聴く人の頭に浮かぶはずである。しかし、この二人は、この音楽を、舞踏の精神から生まれた「組曲」や「パルティータ」の類と切りはなして、教会トリオに由来する、精神の内面に向かって凝集された、高くて厳しいものとしてとらえているように、私には聴こえる。

といって、バッハの音楽はこう弾かなくてはならないとか何とか前もって歴史的な知識とか先入観とかで武装された態度があると言っているのではない。むしろここに提出された演奏は、はじめの音から最後の音にいたるまで、完全に、純粋に、音楽的な性格のものである。それが、二人の演奏の大家によって、よけいな飾りも装いもなしに、そのものずばりの形で、簡潔に、直截に、弾かれているのである。

シェリングは、かつて、「バッハは自分の神だ」と言ったそうだが、その神は新約聖書や、まして旧約聖書にあらわれてくる神というよりむしろ、純粋に古典的な均整節度をもった、濁りのない、精澄な精神の芸術を生みだした神としてのバッハということなのだろう。だが、そういう節度と秩序の精神は、とかくアカデミックで硬直した、貧血症的なバッハの演奏に導きやすい。私たちは、そういう例をたくさん知っている。しかし、シェリングの演奏のすばらしさは、古典的節度と生気にあふれる音楽性とが全然矛盾せず、おたがいに排斥しないところにある。

私は、数年前ベルリンで、彼がベルリン・フィルハーモニーといっしょにアルバン・ベルクのヴァイオリン協奏曲を弾くのを聴いたことがあるが、そのときにこのことに気がついた。シェリングという人は、作品の精神的な純度が高ければ高いほど、品位に満ちた、しかも熱烈な演奏に向かって突き進む力をもった名手なのである。つけ加えるまでもないかもしれないが、そういう大家は、ことにヴァイオリニストの場合、世界を通じてみてもごく少ししかいない。

ヴァルヒャも、私は同じように、ベルリンのフィルハーモニーのホールで、彼がオルガンの独奏会を催したときに聴いた。この盲目の巨匠にも、シェリングとまったく同じように、内に向かって燃えるような精神の集中があると同じくらい、外的な効果への剛直な嫌悪があるように見受けられる。それに、この人は、彼の扱う楽器の性格からいっても、作品の構造的な側面により敏感なわけだが、そのくせ、ダイナミックの細かな陰影づけとか音色の絢爛とした変化を使用して音楽の形をあらわしてゆこうとする道を、好まないように思われた。

こういう二人が、それもほかならぬバッハの名作を対象に合奏した場合、このレコードで聴かれるように厳しいものにならないはずはない。しかし、それがこの場合のように、部分的でなくずっと持続して達成されているというのは、レコードでは本当にまれなことではないだろうか？　私にわかった限りでは、この演奏には、何か独特のなまなましさというか、弾《はず》みのついた強さというか、そういったものが、大部分を通じて流れている。その理由は、録音するとき、この二人は、一曲ごと、一楽章ごとにずっと通して演奏し、やり直しの必要があるときにも、よくあるように、局部的な訂正やつぎはぎをしないで、改めてまたその楽章を初めから終わりまで弾き直したからではないだろうか。私は録音や吹き込みの技術的実際的な点には無知な人間だが、これを聴いていると、そういう気がしてならないのである。

この合奏は、はじめを少し聴いただけでも、強拍に十分にアクセントをおき、急がず、遅れず、むやみと音をふくらませもせず、逆に痛切な抒情性を狙ったりもせず、いつもピンと高く強く張った音楽の糸を堂々と紡いでゆくこの二人の姿に、端正で剛健な精神を感ぜずにはいられない。

そういうなかで、たとえば〈第四番ソナタ〉の第一楽章の「シチリアーノ」やアダージョ楽章からは詩的な香りが匂ってきたり、あるいは〈第五番ヘ短調ソナタ〉の第一楽章ラールゴには一面に蒼古雄勁な雅致がみなぎっている。私は、多くの人びとの意見とは逆に、こういうまったく虚飾を脱ぎすてた強い演奏こそ十八世紀は知らぬこと、十九世紀には求めがたく、現代の大家たちに至って初めてできるようになった一つの「バッハ演奏の様式」であろうと考えているのだけれども……。

# 平均律クラヴィーア曲集

バッハは、数代にわたってすぐれた音楽家を出した家に生まれ、彼の息子たち（二度の結婚で実に二〇人の子供をもうけた）も、ごく短命で死んだもののほかは、みな立派な音楽家になった。ドイツ、ザクセン地方のアイゼナハに生まれ、アルンシュタット、ヴァイマルその他の教会や宮廷に仕えてから、一七〇八年再びヴァイマルに戻り、そこの教会と宮廷の音楽手になった。この頃彼はすでに堂々たる大家の域に達していたのだが、とくにオルガンの作曲家としての活躍は、最初のクライマックスに達し、多くの傑作を書いた。今日有名なオルガンのためのトッカータ、コラール・プレリュード、ファンタジー、フーガなどは、主としてこの頃作られたものである。ついで一七一七年ケーテンの宮廷楽長となったが、ここではこの頃の宮廷の常として室内用器楽曲が好まれていたので、もっぱら器楽曲を書いた。《ブランデンブルク協奏曲》、クラヴサンのための組曲、ヴァイオリンやチェロのための無伴奏ソナタなどの不朽の傑作は、すべてここで書かれた。その後一七二三年ライプツィヒのトマス教会の合唱長になり、ついに死ぬまでそこにいた。生涯を通じて二〇〇になんなんとするカンタータ、受難曲、大小のミサ曲などの数えきれないほどの教会用音楽が彼の手から生まれた。器楽曲にも以上のほかに子供たちの教材として書いた《インヴェンション》や、フーガ作法の粋をつくした《フーガの技法》、フリードリヒ大王にあてた《音楽の捧げもの》などがある。

バッハは、「近世音楽の父」とよばれる。シューマンは「キリスト教におけるキリストの如き人」と讃え、ベートーヴェンは「われわれすべての父」といい、モーツァルトは晩年の円熟の極に達した頃、バッハの未刊の楽譜をみて、「ここになお学ぶべきものがある」と叫んだといわれる。実際バッハは、まさにそれほどの存在だったのである。

そのわけを説明するのは容易なことではないが、それをしないのでは、全然音楽の歴史の話をしたことにならないから、要点だけかいつまんでいってみよう。西洋の音楽は、中世にプレン・シャンといって教会で歌われる一本の旋律を独唱または斉唱する形で行なわれていたが、次にそのふしに合わせて、それと違うがよく協和するような高さで歌う声をまぜるようになった。だんだんすすむうちに一方が高くなると、一方が低くなるとか、同じ時間の中で一方が長くゆっくり歌うと、一方が細かく動くとか、たがいに独立して動いて、しかもそこに調和があるような工夫がされてきた。そのうちに、しだいに同時に歌うふしの数を増やしたり、組み合わせもいろいろ複雑になったのだが、こうした音楽は、いわば各個のふしの流れを水平に独立したものと考え、それを幾重にもならべたようなもので、十五世紀のオランダ人たちの音楽にいたって、その工夫は複雑の極に達し、十何声部という線があやつられることさえ珍しくなかった。

しかし十六世紀の初頭、イタリアから、一本の声部が旋律を奏し、その横に流れる線に対していわば縦に棒をひくように、同時にぽんといくつかの音をならしてリズムをつけたり、旋律の中にある音を強調するというふうに作られた音楽が生まれた。普通これを和声的な単音楽（ホモフォニー）とよび、前のものを対位法的に作られた複音楽（ポリフォニー）と呼ぶ。

これは音楽の歴史上、実に革命的な出来事で、いってみれば今まで横糸だけで縞が織られていたところへ、縦にも模様が入ったようなものだ。しかしそれをところどころ縦に結ぶだけでなく、縦横にべったりと模様がつけられるようになるまでには、まだまだひまがかかった。まして、どうやれば同時に鳴らされる数個の音が、つぎつぎと横にもうまく流れるようになるか、つまり単に色とりどりの縞というよりも、そこにある芸術的な表現としての意味というか、作るものの内面的精神的な意欲を表現するうえに柔軟な材料を提供するものになるか、それを解決するのは大変なことだった。バッハはこの難事業に対し、決定的な役割を演じたのである。これを技術的な用語を使っていえば、バッハは初めて和声的な用法と対位的な用法とを綜合して、それを通じて音楽的な美を実現した人ということになる。もちろん、バッハの少し前から、この横（対位法）と縦（和声法）とを綜合して音楽を書く人は出ていた。しかしバッハが実現したものは、その方法のほとんど完成に達したくらい高いものだった。そこには、予言者とキリストに比べられるくらいの違いがある。バッハ以後の今世紀初めまでの音楽は、すべて和声的ホモフォニーの音楽だが、それは彼に発したといって、まず差し支えないのである。

完成と、今僕は言ったが、もちろんバッハが、後世の人たちの言うべきことや言う方法を、全部成就してしまったという意味での完成ではない。彼がその後二世紀の音楽の意識の基盤となるものを、完全に捉えて実現した、という意味で言ったのである。ではその縦と横を結ぶ軸は何か。それを僕らは調性（トナリティー）とよんでいる。和声的な音楽には、ある一つの中心があって、他のすべての音は、それとどんな関係にたっているのかということで、理解されるのである。今日のヨーロッパ音楽の体系で音階といえば、普通、長調のそれと短調のそれしかない。どれもみなドから始まってドに終わる。その中でソはドから数えて五つ目の音であり、シはドの一つ下の音である、といったふうに理解されるのである。またその価値は、中心になっている音との親近さから割りだされる。中心の音（主音《トニカ》）を助け、これの効果を強める音は、属音（ドミナンテ）とよばれ、ドに対し5度上、ないしは4度下のソがそれである、といった具合である。そうしてあえて言えば、和声的な音楽とはすべて、その主音に向かって集中しようとする傾向と、再びその主音からわかれてゆこうとする傾向と、この二つの力の傾向の間の緊張と解放との関係からきているのである。あるいは最初にとられた調性から出発して、別の調性に転調されたのち、再び原調に戻る運動としてとらえることができる。バッハは、それをはっきり意識して、音楽を書いたのである。彼は、いわば音の求心的な動きの中核である近代的調性感を、完全に確立した。

　それと関連して、もう一つ、彼は非常に重要な仕事をした。それは平均律の採用ということである。今言ったような音の親近関係というのは、実は音響学的な倍音現象という事実に合致するものなのだが、これを厳密にとってゆくと、各調性のそれぞれの音階の間に微妙な差ができる。たとえば同じハの音でも、変イ長調の3度としてのハと、変ニ長調の主音から半音下の音としてのハとでは、少し高さが違う。だからクラヴサンやピアノのような鍵盤楽器の場合、非常にたくさんのキーを作るか、さもなければ曲ごとにいちいち調律し直さなければならず、しかもそうやっても、一つの曲の中途で任意の別の調へ移るわけにはゆかなくなる。そこでバッハは、各調ごとに生ずる微妙な差を、平均して割りだしたところで（つまり一オクターヴを一二に均等に分割して）調律することにした。その結果、和音は時にやや濁っても、一つの楽器でどんな調の曲も弾けるし、一つの曲の中でどんなに遠くはなれた調性にも転調できることになった。

音階については、遠くギリシアの昔からいろいろな理論があったのだが、バッハは特に平均律の問題に深い関心をもち、演奏と作曲と両方の観点から研究した結果、以上の結論に到達したのである。そうしてこの原理に即して書いたのが、ここにかかげた《平均律クラヴィーア曲集》である。これには二巻あるが、第一巻は一七二二年に完成され、第二巻は（実はこれには「平均律云々」の表題はないのだが、同じ構想で書かれているので、今日では第二巻と呼んでいる）一七四四年までにできたといわれる。曲集はいずれも二四の調性で書かれ、各調性ごとに前奏曲とフーガが一対となって書いてある（一オクターヴは一二の半音からなっているから、その一つ一つを主音にした長調と短調とを使えば二四の調が得られ、かつそれ以外には調性は一つもないことになる）。前奏曲は、いろいろなスタイルで書かれている。形でいえば、ソナタ形式の原型のようなものとか練習曲のようなものもあるし、情趣の点からいえば、抒情的なのや、幻想曲風のものや、多種多様である。フーガのほうも、この形式が許す限りで、実にさまざまに書き分けられている。対位法的な趣の強いもの、和声的なもの。声部は二声から五声まである。主題も一つのものから、三つのものまである。ここではとてもいちいち説明はできないが、そのなかで一つ強く感じることは、バッハはどんな主題をとっても、その主題のもっている性質を、一番よく発揮するような形で書くだけの力量をもっていた点である。フーガという形式は、ある主題から始めて、それを順次いくつかの声部で奏し、ある声部が主題を奏している間に、別の声部は、それとよく調和するか、はっきりとそれ自体の特徴をもった旋律を奏す（提示部）。それから主題またはその一部を、いろいろな調性で転調しながら奏し（展開部）、最後に冒頭の調性に戻って、主題を奏して終わる（再現部）というのが大体の形だが、そのため作曲者は、この形式でやりやすい主題を選ぶわけだから、そこにおのずから、一種の公式的な型ができてくる。バッハのものをみていると、彼はそれに少しも捉われず、公式的なものももちろんとりあげてはいるが、何よりも、主題のもつ細やかな違いや特徴に対して、非常に生き生きした感受性をもち、どんな主題をとっても、それに一番ぴったりするようなスタイルと形で、楽想を展開している。これは、芸術制作の原理みたいなものだが、バッハが、最も厳格な楽式といわれるフーガで示した自在さには、彼以外どんな音楽家もおよばないすばらしさがある。

# エトヴィーン・フィッシャーのバッハ

## 1

私がエトヴィーン・フィッシャーを聴いたのも、コルトーと同じように、その晩年だった。二回聴いた。一度は独奏会。パリで、だったと思う。曲目では《アパッショナータ・ソナタ》を覚えている。それからもう一度は、チェロのマイナルディ、ヴァイオリンのシュナイダーハンとの三重奏の演奏会。これはザルツブルクの音楽祭の一環としてモーツァルテウムの音楽会堂で、だった。曲目はブラームスのピアノ三重奏曲で、三曲ある三重奏曲をみんな弾いていた。

どちらも一九五四年の話であるから、フィッシャーはもう七八歳だったことになる。聴いているあいだの楽しさは、問題なくトリオのほうだった。トリオで、このときほど音楽をたっぷり味わったという経験は、かつて味わったことがないような気がする。フィッシャーが、完全に主導権をとった演奏だった。細部までおもしろく、それはたとえばシュヴァルツコプフとかフィッシャー＝ディースカウの歌うリートを聴いているようなものだった。多くの人の演奏で聴けないようなものが、どの細部からもにじみでてきて、「この曲には、こんなにたくさんのものがつまっていたのか！」とびっくりしながら、その音楽の流れてゆく瞬間瞬間の楽しみに身をまかせてゆくときの、あの何ともいえない快い充足感。たっぷりした楽しみが必ず私たちに与える、満足感と安らぎ。こういったものが、そこにあったことを覚えている。しかし、おかしなもので、では、どこをどう弾いたか、という記憶になると、もう、はっきりしない。ブラームス特有の旋律の主題がきれいだったこと（特にハ短調トリオ〔第三番〕の第一楽章の第二主題のこと。ロ長調トリオ〔第一番〕の出だしのこってりした感じ）。そういうことは、今思い出してみていると、耳に聴こえてくるような気もするのだが、はたして、これが本当に私の記憶から出てきたものか、それとも私の頭が勝手につくりあげているのか、そこのところが、確信をもって言えないのである。それから、どれかの楽章で、やたら速いのにあっ気にとられたような気もする。

こういう場合「レコードがあれば」とつくづく思わないわけにいかない。子供のころの記憶を写真で確かめ直してみたいのに、いくら探してもその写真がないとでもいった、はがゆさである。

これに比べると、独奏会のほうは、まだ、多少、音として残っている。《アパッショナータ・ソナタ》の音がずいぶん抜けていたこと。それにもかかわらず、終楽章など、ずいぶん速く弾かれていたこと。それから、もちろん、出だしのあのすばらしい主題の音が、抜けるような美しさで、びっくりしたこと。比較的小さな音だが、澄んだ、そうして、厚ぼったくない、表現的な音だった。「表現的とはどんな音？」と聞かれるかもしれない。私の言いたいのは、死んだ、固い、音の響きそれ自体だけでしかないような音でなくて、いかにも何かものを言っているような、風情のある音ということである。つまり、エスプレッシーヴォの音である。

こういう音をもっていて、しかも、この人はどちらかというとあっさりした、ごてごてかざらない、爽やかな後味を残す演奏をした。

非感傷的で、しかもエスプレッシーヴォの音楽家。一口でいえば、それがエトヴィーン・フィッシャーだ。

私が、彼を聴いたのは、前述のように、晩年であり、前から練習しないので有名な人だっただけに、技巧的には、もうだめだった。だが、この二つの世紀にまたがって活躍したドイツ系ピアニストのなかで、フィッシャーは最も洗練された、そうして最も詩的な音楽家だった。シュナーベルより、バックハウスより、ケンプより、ギーゼキングより、誰よりも、この人は、ドイツ的ロマンティシズムの臭味から抜けきっていた。と同時に新即物主義的客観主義者の正反対にいた。

フィッシャーのレパートリーは、バッハ、モーツァルト、ベートーヴェン、シューベルト、ブラームスというところだったのだろうか？　そのなかで、私がレコードで聴いてみて、いちばん心を唆られるのは、今でも、バッハだ。かつても、そうだった。戦前のレコードで、私はニ短調のピアノ協奏曲を愛蔵していた。モーツァルトのハ短調協奏曲（第二四番）その他も好きでよく聴いたが、結局、落ち着くさきは、いつも、バッハだった。こんなにどの隅にも音楽がつまっていて、しかもバロック・コンチェルト特有の主題を何度でもくり返しながら、階段的に転調してゆく手法にそって出てくる和声の大きな流れが、型にはまったもののもつ単調な、手垢のついた、惰性的で非知的な感じもなしに、ごく自然に、だが、冴えた音感をもって、弾かれるのを味わうのは、いくら名人たちの演奏ばかりが記録されていた当時のレコードのなかだって、そうそういつもあるわけではなかった。

今度、フィッシャーのことを書くに当たって、私は改めて彼のレコードをあれこれ聴き直してみたが、そのときも、やっぱり、最もひかれたのは、バッハである。

## 2

フィッシャーのバッハでは、私は、まず《平均律クラヴィーア曲集》の第一、第二巻を聴いた。これは、いつ録音したものだろうか？（手許にある東芝から出た［エンジェル　GR二〇三六E］（一九三三～四年〔第一巻〕、一九三五～六年〔第二巻〕の録音、CD［エンジェル　TOCE一一四九七～九］）という大きな五枚組のアルバムには、解説書はついているが、録音に関するデータ類は残念ながら、全然ない。せっかく歴史的名盤ばかり揃えて出している、立派な企画なのだから、こういう点でも資料はできるかぎり揃えて提出してほしいと思う）

私が、今、こんなことをいうのも、第一、第二巻と聴いてきて、この両組の演奏のあいだにある違いを感じるからである。それも、私の想像では、録音の場所とか機械とか技師の調整とか、そういった面での違いから生まれたものでなくて――たとえば、スヴャトスラフ・リヒテルの《平均律クラヴィーア曲集》のレコードには、そういう趣があり、第一巻と第二巻のあいだにはいろんな違いがある――フィッシャーの演奏の仕方に、そのあいだに、違いが出てきたためのように考えられるからである。それも、両者のあいだに、ある程度の長い年月がはさまっているように思われるのである。

第一巻でいえば、全体の特徴として、まず、非感傷的であり、あんまりクレッシェンドやデクレッシェンドをつけず、平滑清澄な行き方をとっていることが指摘できる。そのうえで、しかし、細部をみると、そこには、曲のクライマックスへの盛り上がりはもちろん、動きの劇的な緊張への誘導と、解決したあとの安らかな流れと、この両者のあいだでの微妙で美しい調和がとれていることに気がつく。そこには、節度と均整へのセンスが感じられる。行きすぎというものがない。そのくせ、どこをとっても、音楽は生き生きとしているのである。

音だけに終わらない、心の裏付けがある。だが、その心の裏付けというのが、あくまで純粋で明確な音になりきっているのである。この人が、ロマンティックな味わいを残しているとしたら、そういう意味でなのだから、これは、十九世紀的なものというより、音楽という芸術に本来のロマンティシズムというべきだといってよいのではないか。

もちろん、現代のピアニストは、もう、フィッシャーと同じようには弾かないだろう。しかし、この人が、戦後しばらくのあいだ、ヨーロッパでも、特に目ざましい才能にめぐまれた若い世代に教師として求められていたという事実は、見逃してはいけないことだ。ヴィーンのピアニストたち、つまりデームスもクリーンも、（たしかバドゥラ＝スコダも？）それからグルダでさえ、彼のもとで学んだ。それから、わざわざ南米からやってきたダニエル・バレンボイムも、ほかの誰よりも、このフィッシャーの教えをうけにやってきたのだ。デームスとグルダとバレンボイムと、この三人を並べてみただけでも、同じフィッシャーの弟子といっても、違いの大きいのに気がつく。そのなかで、誰がいちばんフィッシャーに近いかという穿鑿《せんさく》はあんまり意味はないだろう。これほどの才能たちは、どうせ、真に自分の本能と知性と感覚が求めるものが何であるかの自覚に到達するために、教師につくのだから。しかし、私は、いつかは具体的に細かく指摘してみたいと思っているのだが、いちばん目にみえた収獲をあげたのはバレンボイムではなかったか、と思う。バレンボイムの音楽のつくり方の基本には、フィッシャーの音楽がある、というのが、私の考えである。しかも、これはいろんな人がふれているバレンボイムの自分で独奏し指揮している一連のモーツァルトのピアノ協奏曲のレコードでより――私は不勉強で日本ではまだ本格的に論じられたのを読んだことはないが――彼の入れたベートーヴェンのピアノ・ソナタ全曲のレコードにみられるのではないだろうか？

フィッシャーに戻ろう。

フィッシャーの《平均律》のもう一つの特徴は、フーガのときに、その主題を実に強く表面に浮き出させ、ほかの声部をその影にまわす弾き方である。これはレコードについた解説書で藤田晴子さんも指摘している事実だ。私見では、これに付随して、フィッシャーは、主題以外の声部を弾くとき、それを伴奏にまわすといっても、そこには実に微妙なニュアンスをもって演奏しているのが聴かれるのである。それも副声部といっても、二声、三声とあるときには、それらのあいだにも、濃淡軽重の区別がつけられているといってもよいような、そういう差をつけての演奏なのである。そこから、主声、主要副声、従属的副声等々のあいだの構造的な段階づけが生まれる。音の幾重もの流れのあいだでの遠近というか、奥行きというか、パースペクティヴが生まれてくるのである。これは、聴いていて、実に楽しい。そうして、何かじっくりと味わうにたる奥行きの深い演奏に聴こえてくるのである。

しかも、音は、ここでも軽い。それから、基本的にはチェンバロのノン・レガート奏法に則って、ペダルをほとんど使わず、べったりしたレガートを避け、乾いたスタッカートにむしろ近い奏法を土台にしている。このことが、また、爽やかな後味を残す。テンポは、むしろ速めである。

第一曲（ハ長調、私の呼び方は、前奏曲とフーガを一組と考えてのうえである）など、普通私たちが聴きなれているのより、だいぶ速い。そうして、右手は徹底してノン・レガートで押しきっている。第二曲（ハ短調）もそう。前奏曲はトッカータ風の練習曲みたいに弾き、フーガも速い。それに比べて第三曲（嬰ハ長調）では、前奏曲は弱音を土台に、夢のように遠く、淡く、そうして甘美な味わいをもって弾かれているのに対し、フーガは、主題からしてすでに中央に大きくクレッシェンドして盛り上がり、そのあとも、強いアクセントをもって弾かれる。何もルバートが多用されているわけでもないのに、表情の豊かなロマンティックな曲になっている。つづく第四曲(嬰ハ短調)ではフーガのアダージョ的静けさのもつ深い感じが私たちを魅惑するのだが、その深さの感銘が生じる原因は、分析的にいえば、ここで五声の二重フーガの各声部が、その機能と位置に応じて、まるで管弦楽の演奏を聴くような、多彩な音色で弾かれているからでもあるのだ。

このポリフォニーを弾くに当たっての必要とあれば、諸声部に実にいろいろな音色を与えながら弾く力のあること。私には、これがまた、フィッシャーの弾くバッハの抜群のおもしろさを生みだす主要な武器だったと考えられる。こういうことは、一歩間違えると、ちょうど、ストコフスキーやオーマンディがバッハのオルガン曲を大々的編成の管弦楽曲に編曲して演奏する、あの行き方に堕してしまうのだろうが、さすがにフィッシャーには、そういうことはない。それは、フィッシャーの音色的な演奏は、外面的な効果のためでなく、構造的に選択されたものだからだろう。しかし、これができるために、彼のバッハが色彩豊かなものになっている事実は否定できない。その点からいっても、これは、十九世紀的というのでなくて、元初的な意味でのロマンティックなバッハ解釈なのである。

こういうことは、第六曲（ニ短調）の前奏曲にもみられる。これは二声で書かれ、上声が一六分音符の三連符でいそがしく走りまわるのに対し、低音は八分音符で、いかにもバロックのバスらしい均等の、そうして音階的な歩みを続けているのだが、このバスが、まるでシューベルトのリートにつけられたピアノの低音部みたいに、よく歌うのである。それにあわせて、もう一つの旋律が、中声にあってもよいのではないかと思ってしまうくらい。つまり、ここでのフィッシャーは、聴き手の想像を強くかきたて、喚起する力の豊かな――そういう意味で――詩的で幻想的な演奏になっている。これも、フィッシャーの演奏の本質に基づいたスタイルだと思う。

第八曲（変ホ短調）の前奏曲がサラバンド風のスタイルで弾かれるのに対し、フーガのほうは、けっして速くはないが、変化に富み、色彩的で華麗な曲になっているのに反し、第一三曲（嬰ヘ長調）は前奏曲のやわらかな優雅とフーガの人好きのよい甘さでもって、まるで室内楽を聴くような気持を呼び起こす。だが、前奏曲とフーガがいつも一体となっているとは限らず、たとえば第一四曲（嬰ヘ短調）では前奏曲の荒々しさに対し、フーガは生真面目で、しかも平滑そのものといった歩みを示す。第一六曲（ト短調）の前奏曲が抒情詩を聞くような気がするほど、こんなに柔らかで静かでありうるとは、この演奏を聴くまで、私は知らなかった。特にまた、間にさかんにさしはさまれるトリラーがとてもきれいに弾かれている。

これと対照的なのは第二一曲（変ロ長調）の三声のフーガで、ここでは三つの声部のどれ一つとしてレガートはまったく避けられるという、小気味よいばかりのアクロバットが展開される。それに引き続く第二二曲（変ロ短調）では、前奏曲が一篇の詩のような味わいの深さをもつのに、フーガのほうは、重層の建築のように重々しく、どこまでも整然と力強く、しかも端麗さを崩さない。大変な名曲の名演である。第二三曲（ロ長調）の前奏曲のピアニッシモも印象的だが、第二四曲（ロ短調）の前奏曲のバスが、はじめから終わりまでスタッカートで弾かれながら、何ともいえぬ落ち着きを感じさすのも忘れがたい。

こういう名演の数々に比べて、私がよくわからなかったのは、第一〇曲（ホ短調）で、この前奏曲はあまり速くなくはじめられて、第二三小節でプレストになるわけだが、フィッシャーのは第一〇小節あたりですでに速くなる。これは思いきって自由な弾き方ではなかろうか？　それに続くフーガもかなり速いのだが、そのなかでも、テンポはかなり不均整に揺れる。これほどの名人が、どうして、こういう不機嫌でむらのある弾き方をするのだろうか？

といっても、その二つあとの第一二曲（ヘ短調）のフーガが、さきにふれた緊張と解決との取り合わせの均整のとれた調和という点で、間然するところのない名演になっているので、聴き手は、不平など、すぐ忘れて、聴きほれることになるのだが。事実、私は、このレコードを聴き出すと、いつやめてもよいようなものなのに、とても惜しくて途中で針をあげる気になれない。

レコードでイタリア・オペラなど聴いていると、すぐ退屈して、この調子で四枚、五枚と続けて聴かされたら、病気になってしまうような気になるのと、正反対である。あすこには、精神性というものがまるでないのが、私は困るのだ。

それにしても、フィッシャーのバッハは、詩的だといっても、コルトーのたとえばショパンやシューマンの演奏に比べると、ダイナミックで、劇的でさえある。彼のタッチの冴え、多彩さ、柔らかさ、弾力性といった幅広い持ち味が、そのダイナミズムをつくりあげてゆくのだが、そのさい、前にもふれたように、彼の「音」そのものはけっして、肉の厚い、重いものではないのである。この人は、ドイツのピアニストとしては、むしろ澄んだ、やさしい音の持ち主だったのである。

3

《平均律クラヴィーア曲集》の第二巻のレコードを聴くと、はじめに、このピアノの音が、第一巻に比べて、肉の厚い感じになっているのに驚かされる。私が前に、録音のデータがほしいといったのは、このためだ。どうして、こう変わったのだろうか？

フィッシャーの演奏自身にも変化があったのかもしれないと思う個所にぶつかるの

も事実だが、それだけでもないような気もする。こういうことは、私には、よくわからない。

単純に音の違いということをこえて、そういうことを、まず、思わせられるのは、第二曲（ハ短調）の前奏曲で、ここでは大きな躍動をもったタッチが聴きとれるのである。それは、少し単純化していえば、こんな感じなのだ。かつてのフィッシャーのピアノ奏法は、ギーゼキングを先頭とする、肩から腕にかけての力を自然に、そうして全的に利用して生まれたタッチでなく、むしろ一時代古い、指先の微妙な変化から生まれてくるタッチを中心としたものだった。もちろん前膊《ぜんはく》的、上膊的の力も十分に使ってのうえだろうが、しかし、主な生命は手首よりさき、指の先端にいたるあいだにあった。それが、あの第一巻で聴かれたような微妙にして清純、多彩にして典雅な響きを生みだした。

ところが、この第二巻で聴く限り、彼の奏法は現代的なものを遺憾なく利用したものに変わってきているのである。しかし変化はそれだけにとどまらない。音の変化は「音楽」の変化にまでおよんでゆく。

第一曲（ハ長調）のフーガがすでに、実は角ばった、きつい感じの曲で、リズムの強調がいやがうえにも目立つ。これだけで、この演奏を非難することは、もちろん、すべきでない。これはそう弾いて、一向さしつかえないフーガなのだ。ただ、第一巻にだってそういう曲もあったのに、あのときは、そういう演奏には気がつかなかった。この違いが私には気になる。

第三曲（嬰ハ長調）の前奏曲が、静かで、しかも奥深い、まるでオルガンのような、重くこもった響きになっているのに対し、第五曲（ニ長調）になると、前奏曲では速いパッセージにいくつか曖昧な音が聴かれるようになり、フーガでも少しタッチが荒く、完全なコントロールが失われているような感じがするのはなぜだろう？　テクニックが変わったというだけでなく、落ちたのだろうか？

そうかもしれないが、そうでないかもしれない。これに続く、第六曲（ニ短調）のトッカータ風の前奏曲の演奏は見事というほかない出来栄えであって、聴くものを少し安心さす。

第七曲（変ホ長調）の前奏曲は、第一曲でよく出会った静かで、滑らかな抒情的気分に非常に近いものとなっている。しかし、ここもかつての油を流したようなべっとりと隙間のない静けさの表面は、やや乱れ、細かな、皺のような起伏が何度もはさまる。これに対し、フーガのほうは、まるでオルガンの音栓をきりかえてゆくような、音色の変化と音量の増減の目ざましい発揮がみられる。

第一四曲（嬰へ短調）の前奏曲の美しい滑らかさ。フーガに入っての、中声部に主題が出るときの音の美しい明晰さは、フィッシャーの十八番中の十八番であるが、こういう点での最高の出来は、私の考えでは、第一八曲（嬰ト短調）のフーガであって、これはノン・レガートの静かで秘めやかな歌と呼ぶほかないような演奏となっている。八分の六拍子のジーグのリズムだが、比較的遅いので、ジーグには聴こえない。

しかし、「興奮の音楽ではなくて、明晰と慎重と誠実が、そのままで詩になってゆく」といっても過言でない、驚異的な再創造が、ここに聴かれるのである。静けさと透明と均整そのもののなかに、説明しようのない深い詩的生命が息づいているのである。もちろん、この詩は、じっくり耳をすまし、私たちのほうから近づいてゆかないと聴きとれない。

その前の第一七曲（変イ長調）の前奏曲も、滑らかで、とてもきれい。特に終わり方がすごく印象的だったし、第二一曲（変ロ長調）の前奏曲も気品のある演奏だ。フーガには第一巻のときのように極力レガートをさけるというのと違い、もう、ノン・レガートにさほどこだわらなくなってきている彼の姿がみられる。これに続く第二二曲（変ロ短調）の前奏曲では、バスの声部が主役を演じないときの抑制された響きのなかで、静かに控え目な歌を歌っているのだが、これがまた、ぞっとするほど美しい。こういうことを、バッハでやった人はほかにいないのではあるまいか？

4

フィッシャーのバッハでは、もう一枚、とびきりすばらしいレコードがある。それは、《半音階的幻想曲とフーガ》《トッカータ　ニ長調》（BWV九一二）以下全部で七曲を収めたもので、「J・S・バッハ・リサイタル」という題で出ているものだ［エンジェル　GR二三］（一九三一〜四九年の録音、CD［EMI　TOCE一一五〇〇〜〇二］）。

このほうは、彼が一九三一年から四九年にかけて演奏したものだという。フィッシャーの演奏の変遷を知るにも、実に貴重なものだが、その細かいことよりも、まずこれは、とてもロマンティックな演奏であり、しかも気品のある烈しいものだということをことわっておきたい。

バッハには、いろいろすぐれたレコードがあるが、これは、あらゆるレコードを通じてかけがえのない一枚である。それくらい、私を興奮さす。ただし今の人はもうこうは弾かないだろう。

このごろの人は、かつてほど《半音階的幻想曲とフーガ》を弾かなくなったのではあるまいか？　ひところバッハのクラヴィーア曲がピアノのリサイタルにとりあげられることがほとんどない時期があった。一方では、ランドフスカ以下の人びとがバッハを現代のピアノで弾くのは正統的でないといって反対したのと、一方では、ピアニスト自身にも、バッハはブゾーニとかリストとかの編曲したものでないと、ピアノで弾いてもあまり効果がないと考えられていたのとで。その時代には、バッハのものといえば、ブゾーニの手を入れた《シャコンヌ》だとか、《トッカータとフーガ　ニ短調》だとかのほかに、原作のまま弾かれるものといったらまず、この《半音階的幻想曲》か、せいぜい《イタリア協奏曲》ぐらいのものだった。

そのなかでも人気のあったのが、この《半音階的幻想曲》である。そうしておいて、ピアニストたちは、これは普通のバッハと違う、むしろ例外的なものだとよく言ったものである。その根底には、バッハはショパンその他のロマンティックな音楽と正反対なのだが、《半音階的幻想曲とフーガ》には、そのロマンティックなものの香りがあるという考え方が、あったのである。

ところで、この現在の地点から、フィッシャーの《半音階的幻想曲》を聴いてみると、実におもしろい。こういう弾き方こそ、時代をこえた永遠にすばらしい演奏だと思って聴いていたのが、今日の耳には、もうこうはとても弾けないことが、しみじみとわかってくるような演奏になっているのである。

つまりここではフィッシャーは、まるで別人のようになってロマンティックなバッハを弾いているのである。これに近いのは、バッハでなくて、むしろ《テンペスト・ソナタ》か何かのベートーヴェンにほかならない。《平均律》のときあんなに気をつけて、ノン・レガートを枢軸としたポリフォニーで弾いていた彼が、ここでは、遠慮会釈もなくレガートの、それもとびきり表情的な美しいレガートで、バッハを弾く。まるで、水を得た魚のように、生き生きとした活力と、ダイナミズムをもって。

これが時代思潮というものであろう。フィッシャーも時代の子であり、彼でさえ《半音階的幻想曲》をベートーヴェンやショパンと違う世界のものにする勇気はもてなかった。あるいは、頭からそんなふうに弾く気はもっていなかった。くり返すが、その同じ人が《平均律クラヴィーア曲集》では、まるで違う「バッハ」を弾いているのである。

私は、想像してみる。グールドがこの曲を弾くところを。それはまるで違ったものになり、また、多くの人びとを憤慨させるかもしれない。とすると、その人びとは、今でもまだフィッシャーの時代と同じ頭をしているということになるのだろうか？彼の《平均律》でさえ、今のピアニストのそれとは違うというのに。《半音階的幻想曲》だけでない。このレコードのフィッシャーは、どの曲も、ロマンティックなスタイルと精神で弾いている。たとえば第二番目の二長調の《トッカータとフーガ》は、まるでシューマンみたいに聴こえる。それでいて、彼の演奏は、《平均律》のときに劣らないほど、聴くものを魅惑し、あるいは熱狂さす。

人間の精神とは、何という逆説に富んだものだろう。

# 平均律クラヴィーア曲集（第一巻）――フリードリヒ・グルダ

1

グルダのことは、私はこれまで何度か書いてきた。それに私は、いま、彼の《平均律クラヴィーア曲集》（第一巻）を演奏したレコードを聴き終えたところだが（一九七二年の録音、CDは［フィリップス（MPS）PHCP三五一〇～一一］）、これでまた、新しくグルダについて、言うべきことが出てきたというわけでもない。

ちょうどバッハが、いかにいろいろな人たちの手でいろいろに演奏されようと、結局、バッハであることをやめないように、グルダも、ベートーヴェンを弾こうと、ドビュッシーを弾こうと、ないしはバッハを弾こうと、やはり、グルダ以外のなにものになるわけではない。

では、グルダのグルダたる所以は、どこにあるのか？

それを一口で言いきるほど、それほどよくわかっていると自惚れているわけではないけれども、少なくとも私の見るところ、今日世界的に活躍しているコンサート・ピアニストの、それも一ダースぐらいにしぼった、いわゆる一流のスター・ピアニストのなかでのグルダの特徴といえば、それは、彼が、自分の演奏に対し、いつもある距離をおいて眺めることのできる冷静さ、それも、単に客観的なというだけでなく、アイロニカルな――つまり、二重の眼でもってものごとを評価できる、そういう知性と感情のタイプの持ち主であるという点だろう。

これは、彼の演奏に、すでに、端的に出ているのだが、そのほかにも、たとえば、このレコードの解説につけられた、グルダ自身の手になるノートを読んでもわかる。原文では、それは　Man könnte sagen……daß　云々と始まる。逐語訳だったら「……つぎのように言ってみることもできるだろう」ということになるのだろうか。といっても、この言いまわしは、グルダが新しく始めたものではない。直接法で、何々は何々だというのでなく、「次のように言ってもよいだろう……」というように間接な言い方を好むのは、現代のインテリに共通のものだということができるだろう。しかし、私たちはいま普通のインテリについて考えているのではない。スター・ピアニスト、世界中でもせいぜい一〇人か一二人しかいないだろうトップクラスのピアニストについてである。そういう人のなかで、かつて、誰がこういう言いまわしをしたろうか？

それにつづくグルダの話の内容ももちろんこういう言い出しにふさわしいものだが（それは訳された全文で見ていただくことにして）、さて、それを締めくくるとき、つまり最後の……daß 以下になって、グルダは突然、転調して、まったく思いがけないところに話をもってゆく。そうしてそのあげく、もういちど転調して、話をバッハに戻し「偉大なるゼバスティアン・バッハに対して、畏敬と愛をもって、今後もますますわが最善をつくすという約束とともに、感謝をささげたいと思う。アーメン。F・G」という言葉で結ぶ。こういう結び方は、バッハ演奏史のうえでの、これまでの大家たちのまったくやらなかったことであり、手近な例でいっても、ランドフスカともエトヴィーン・フィッシャーとも、まったく考えられない態度から生まれたものである。とくに最後の「アーメン」というのは、グルダのもつ二重の顔、彼独特のアイロニーを一言でもって表している典型的な言葉である。

私たちは、バッハを弾いて、これに劣らず「知的な」態度を持しているピアニストとしてカナダのグレン・グールドを知っているわけだが、グールドには、このアイロニーはない。彼はなにごとにも極端であり、狂気すれすれのところで仕事をしている人だが、グルダは、自分のしていることをはっきり意識し、眺めながら、生き、そうして演奏している。彼は、グールドのように、演奏中も、「目を閉ざさない」。グルダは耽溺型の芸術家ではない。おそらく、詩的な雰囲気のもつ魅惑の深さと幻想性という点ではグールドが勝り、表現の多様とそのすべてを完全に手中に掌握し、支配している、その意識の明断さと力強さでは、グルダが進んでいるといえるのではないか。

2

グルダという人は、すごいテクニシャンであるが、テクニックそのものでは、ほとんど興味がないみたいにみえる。彼の演奏を聴いていると、ピアノをきれいに、すき透った音で弾くことをないがしろにしているわけではないが、しかし、結局、ピアノを弾くのは「音楽をする」手段の一つでしかないのであって、その手段の、また一つの要素である〝音色〟に耽溺するのは、音楽のなかの一つの情緒を重要視するのと同様、センチメンタルなことにしか思えない――とでも、考えているようにみえる。

それに、彼の演奏のもう一つ重要な特徴は、リラックスしてというか、どこまでも、自分に強制を加えず、自分の心、自分の精神のあるところが生まれてくる音楽、〝自分の歌〟が、自然に流れだすように弾くことを心がけているように、私には見えるのである。「自分の心のあり方とは別に、うまく弾く」などということは、すでに、彼には退屈でならないのである。

しかし、それでいて、彼の演奏には、また、ロマン主義者たちの言ったデモーニッシュなものがついてまわっている。これらは、あらゆる彼の知的な鋭敏さ、意識の明確さ、自分を客観的に造型するうえでの天才的な確かさといったものが存在するにもかかわらず、彼の演奏——多かれ少なかれ——から切り離せないもう一つの側面である。

なぜ、そうなるのか？

私には、「グルダはそういう人なのだ」という以外に答えようがない。だからまた、このデモーニッシュなものは、彼の存在の非常に深い本質のところから出てくるに相違ないのである。リラックスしており、自分と自分の仕事との間に距離をおいて眺めるという力にめぐまれている一方で、グルダという人は、聴くものを、深い淵のなかにひきずりこむような、すごい演奏をやる。

自然で自分になんの暴力も加えないのと、自分と他人を分ける境界を突破して、底の知れない深いもののところまで、聴くものをぐいぐいひっぱってゆく力のある音楽を展開するのと。こういうことが、自然に、両立していた芸術家というものが、ときどき、出てくるのだ。ほかの例でいえば、フランツ・シューベルトがそうである。あのやさしい、虫も殺さないような顔をしていたシューベルト、《野ばら》だとか《ロザムンデ》の間奏曲だとか、《ます》の五重奏曲だとかのシューベルトと、それからもう一人、《死と乙女》の四重奏曲、弦楽五重奏曲だとか、《冬の旅》だとかのシューベルトがいたのである。そうして、《白鳥の歌》のなかでは、その両方がいっしょにいた。といえば、多少はわかっていただけるだろうか。もちろん、グルダはシューベルトではない。シューベルトであるにしては、彼はあまりに現代人であり、インテリであり、意識家でありすぎる。しかし、彼のなかの天才は、ベートーヴェンやモーツァルトよりは、むしろシューベルトに近いところから霊感を汲んでいるといってもよいのではないか。

3

ところで、今度は私たちが目の前にしている《平均律クラヴィーア曲集》の演奏について、ふれる番だ。さっきもふれたように、バッハは誰の手で弾かれてもバッハであり、ことに、この曲集のようなものを聴くと、本当に頭がさがる。なんといっても、ヨーロッパ音楽の歴史を通じての、これは最高の成就に属する。一曲一曲がまるで違っていて、そのどの曲からもくめどもつきせぬおもしろさが、つぎからつぎと展開される。月並みなことだが、どうしても、このことからさきに言っておかなければ気がすまない。

バッハはどう弾いてもバッハである。ということは、また、この曲集では、じつにいろいろな弾き方が可能だということである。もちろん、一つ一つについて詩的な側面できわだった名作、論理的構築性の傑作、舞曲的運動的なよろこびの躍動している曲、職人的な細工と仕上げの確かさの与える明るい安心感の曲、あるいはまた、神秘的で瞑想的な性格のもの等々の特性をひろいあげ、分類してみることも不可能ではないだろう。だが、どの曲をとってみても、機械的無機的なものは一つもない。

グルダのこの曲集の演奏には、以上あげたようなおのおのの曲の特性がじつに鮮かに弾きわけられている。一つ一つが、疑いようもないくらい、はっきり性格づけられている点が、まず、この演奏の最大の特徴といってもよいほどである。

それは、私が、聴くまえに漠然と予想していたものをはるかに上廻る。と同時に、これを聴き終わって、私は、この演奏は、いわゆる新古典主義的バッハ、つまり表現的要素を最小限度にみて、音の運動の秩序ある流れと積み重ねといった側面を最大限にみる態度とは正反対のところにいるものだという結論を得た。「そんなことはあたり前だ。バッハにおいては表現的でないものはないのだ」とグルダは、ここで、言っているみたいである。それでいて、彼の演奏は、ロマンティックではない。言いなおせば、感情に耽溺し、主情的というより、なにか一方に傾いていってしまうというところがないという意味で、ロマンティックではないのである。

グルダは、畏敬と自由の二つの精神をもって、バッハに接する。

グルダは、ここでヘンレのいわゆる原典版に準拠して演奏しているそうだが、いうまでもなく、これは、かつて日本で無批判にとり入れられていたチェルニー校訂（ペータース版）のものとか、あるいはブゾーニ版とかいったものとは遠くはなれたもので、テンポだとか、装飾音だとかその他いちばん書き込みが少ない版であり、発想記号も皆無である。ところが、この演奏で聴いていると、各曲の表情が実に豊かなのだ。それがどこから由来するのかさぐっているうちに、私はビショッフ版と目立って密接な関係にあることがわかってきた（私のいうのは Edwin F. Kalmus 発行 H. Bischoff 編集の版である）。私には、これが非常におもしろかった。

アプローチの基調には、豪毅でというか雄渾というか、グルダ特有のあの力強さと、余計なかざりやまわり道を排して、言うべきことをすぱっと端的にいう直截さがあるのだが、そのうえで、彼は表現の限りをつくす。そうして、その表現の仕方に、前述したように、驚くほどビショッフ版の発想記号に近いものが見出されるのである。

〈第一曲〉のハ長調は、いわば肉太の筆で書きおろされた楷書といった趣があるが、すでにそのつぎのハ短調が遅い前半とうんと速い後半を合わせたオルガン曲風の前奏曲とほとんどまったくスタッカートの連続で弾かれながらも、「グラッツィオーソ・エ・トランクィロ」のフーガからなりたつという具合である。

以下、各曲について、いちいち書きつけることはできないが、そのうちいくつかを、それもごく手短かにふれてみよう。

〈第五曲〉のニ長調では、前奏曲もフーガも力強いタッチの音で弾かれるのは普通だが、このフーガのタッチはいつまでも長くふるえる残響をもった、まるでチェンバロの重い音とでもいった響きが主流をなしている。それは、ビショッフが彼の版に、「risoluto e sempre marcato」（断固として、いつも一音一音はっきり音を出して）という表情記号を入れているのにぴったりだ。あるいはまた〈第一七曲〉の変イ長調の曲、私は、これがこんな詩的に弾かれるのを聴いた覚えがないが、ここでは前奏曲はまさにドルチェであり、フーガは「トランクィロ・エ・コン・エスプレッシオーネ」以外の何ものでもない。それから、話が前後するが、〈第一〇曲ホ短調〉。薄い音で遅めに弾かれる前奏曲の内省的で詩的な味わい。これまたトランクィロ、エスプレッシーヴォの世界だが、つづくフーガの「leggiero, ma ben accentuato」（軽く、しかし、しっかりアクセントをつけて）という指定も、ここでは本当にすばらしい音の像をひきだす土台になっている。その二つあとの、〈第一二番ヘ短調〉。この前奏曲のやさしい、哀歌的な調べはまさに「con duolo」（悲しみをもって、嘆きをもって）の歌にほかならないが、それにつづくフーガの「largo e pensieroso」（幅ひろく、そうして、もの思わし気に）というのも、まるでクープランか誰か、フランス・クラヴシニストだったら、すでに標題をつけたかもしれないほどの表情の的確さである。

もちろん、なかには、ビショッフの表情記号とは違う表現のみられるのもある。たとえば、〈第二三番ロ長調〉の前奏曲。これはビショッフにはトランクィロとあるが、グルダはこれをむしろ流麗な音の詩にかえる。こういった例は、ほかにもあり、グルダの演奏は、そういうときだって、説得性を少しも失っていない。だが、今聴いている〈第二三番〉の曲にしても、前奏曲につづくフーガが入声してくる、私はその歌いぶりの絶妙な美しさに思わず感嘆して、「このカンタービレ」と小声で叫んだのだが、ビショッフ版には、まさに「cantabile」と書き込んであるのである。

グルダが、ビショッフの指定に従うことを旨としていたのかどうか、それは知らない。たぶんそうではないのだろう。しかし、両者の符合には驚くべきものがあり、それにこの《平均律クラヴィーア曲集》を弾いて、ビショッフ版に一度も目を通さなかったということは、考えられなくなるほどである。

いずれにせよ、グルダは、ビショッフの指定を邪魔と考えなかったのは、まず疑いのないところといってよいだろう。ただし、ビショッフは周知のように、この曲について今日残っている信憑性のある稿本の一つ一つについて異本をあげながら、彼の版を決定したわけだが、グルダはそのなかで、別に装飾音のとり方その他では、かなりの自由を自分に許している。といっても、それを聴いて根拠のないものは見あたらないのだが。

その異同のなかで、最も興味深いのは、曲集の最後を飾る〈第二四番〉である。これは、原作そのものも不朽の名作だが、演奏もすばらしい冴えをみせる。そうして、前半と後半とが、それぞれ反復される前奏曲では彼は二度目には、一回目になかった装飾をさかんに加えつつ、そこに華麗さと荘重さの結合とでもいった、一度聴いたら忘れようのない独自の美しさをもった音楽に仕上げてゆく。これもまた、前の〈第二三番〉に劣らぬカンタービレとエスプレッシーヴォの曲であるが、そのエスプレッシーヴォは、さらにフーガまでずっと一貫してもちこされ、この不朽の大作の最後を飾るにふさわしい、壮麗にして比類のない深みをあわせもった音の王冠となる。

徹底的に知的で、しかも力強さと深さと変化をもった、これだけの演奏は、グルダ以外のどの現存のピアニストに可能だろうか。

# 平均律クラヴィーア曲集（第二巻）——リヒテルとグルダの場合

1

この間うちは、バッハの《平均律クラヴィーア曲集》（第二巻）のレコードをよく聴いた。実は、これらのレコードが——というのは、スヴャトスラフ・リヒテル（一九七二、三年の録音［新世界　SMK七八一〇～一二］廃。CDは［ビクター　VICC四〇二一〇～三］）の演奏によるものとグルダ（一九七三年の録音［MPS　OS二九四一～三］廃。CDは［フィリップス　PHCP三五一二～三］）のそれとのことであるが——テープの形で私の手元に届けられたのは、もっとずっと早かった。

そのとき、一、二曲かけてみて、これは大変なレコードだと思った。しかし、これについて何か書くとなると、これはとても時間がかかり厄介なことになる。とても、一カ月や二カ月ではすむまいと考えた。いや、書くより何より、その前に二四の前奏曲とフーガを全部聴き通すだけでも、容易なことではない。それも二組の演奏！

こんなわけで、今、やっとここに扱うところまでこぎつけたのだが、実は、もっとゆっくり聴いてから書きたいのが本音なのである。ただ、そんなことをしていたら、いつ、その気になるかわからないのも事実だ。

その理由は、私の不精のせいばかりではない（若いときだったら、やっぱり最初に聴いて感激したら、その勢いで書いてしまったろうに）。第一に原曲がすごい。二四の――いや前奏曲とフーガのあわせて四八曲の――そのすべてが同じ水準の傑作とまでは言わなくとも、いずれにせよ、クラヴィーア曲の文献として、古今不滅の作品たち、およそ人類とともに、音楽が存在するかぎり、滅びることがないであろうところの作品たちを、順次に聴いてゆくというのは、とっても大変なことだ。みんなはよく、たとえばショパンの《前奏曲集》をこの曲集にもたとえるけれど、この両者はまるで別のものだ。ショパンの曲集は、一気に弾き、一気に聴かれても、不可能ではない（本当にそれが望ましいとは、私は考えないのだけれど）。しかし、バッハのほうはそんなことはできない。それは名作が目白押しに並んでいて、聴いていて疲れてしまうというだけでもない。ある種の曲たちは、並べておかれていても続けざまに弾かれかつ、聴かれるようにできてない。そんなことは精神に暴力を加えるようなものだ。それらの曲の——すべてではない——一つ一つが、完全に一つの世界として完結していて、ほかと続くようになってないからだ。

そう、これらの作品の〝完結性〟というものは、絶対的な性質にまで達している。私は、何もそういう曲は、一時に一曲しか弾いてはいけないとまでは考えていないのだけれども、楽譜にそうして並べてあるから続けて弾くという具合にはいかないのではないかということはぜひ言っておきたい。なるほどバッハは、これらの曲をハ長調から始めて、短調、それから半音上がった嬰ハ長調、その短調という具合に配列した。しかし、このことは何も、彼が、その順で、つぎつぎに弾かれることを予想したということにはならない。

だから、レコードにそうなっているからといって、その順に聴く必要もない。それはむしろ不自然でもあるのだ。もう一歩踏み込んでいうと、そういう順序で聴いたうえでの演奏批評は、この曲集に関しては奇妙なものだということになる。いずれ、あとでこの点に戻ってくるだろうが。

「バッハが現在私たちが知っているような順序に並べたのは、演奏の順序を考えてのことではない」と私はいったが、「ではどういう順序で弾けばよいか」ということは、私にはわからない。私の考えは、「これは何も一度にみんな弾かれることを予想したものでなく、折にふれて、あの曲、この曲と選んで弾くことを前提としたものだ」ということである。これが、また、この《平均律クラヴィーア曲集》全曲を演奏したレコードを聴いて考えるとき、一つの判断の基準になる。

2

あとでまとめて、順々に書こう、と考えていたがまだるこくなってきたから、このへんで、一言いっておこう。グルダの演奏は、そうやって聴くのでないと、とても聴けないような弾き方なのだ。曲によって、アプローチが非常に違う。それが彼のこの曲の演奏の最大の特徴だと、ここでまず、言っておいたほうがいいくらいである。その違い方は、極端な場合、同じ調性の前奏曲とフーガとの間にさえ感じられる！ 私は、とても、ここまでついてはいけないような気がしてくる。だが、このことによって、グルダの演奏による《平均律クラヴィーア曲集》（第二巻）は、実にさまざまな変化をもった、非常に広い表現の世界の出来事になる。それが、果たしてグルダの意図したものかどうか？ 私は、たぶん、そうだったのだろうと推測する。ややアルカイックな、そうして乾いたスタイルのもの。表現的な鋭さに満ちたもの。いわゆる現代的のリズミックな流れで一貫しているもの。あるいは表現のかげが奥深くてミスティックでさえあるもの。あるいは驚くほかないほどダイナミックを広く駆使したもの。あるいは硬質の、まるで青銅の鐘の音を思わすようなタッチでなければ生まれてこないようなもの。あるいは、言語に絶してデリケートで、やさしくて、美しい前奏曲に静かで省察的なフーガが続き、この一曲を聴いただけで、もう言いようのない幸福感で聴き手を包んでしまうもの。あるいは驚くほかない軽さと柔らかさのタッチでもって、流麗、艶美な詩のような味わいが生まれてくるという、普通だったら信じられない音楽。

私は、わざと、どの曲がそうであるかをことわらずにおく。読者に、ぜひ、自身で聴き、自身で感じ、判断していただきたいと思うからである。だが、くり返すが、曲集に並べてある、そうしてレコードにもその通りに録音されている、その順序に従って聴く必要はない。それにレコードにどう並べて入れてあろうと、それは何も、実際にこの順序で録音にとられたということにはならない。どうせ、何番目の曲から始め、つぎにどれに続き、どれで終わろうと、レコードは、あとで編集し直せばよいのだから。もし、読者が順々に聴いていったら、あまりにも変化がひどくて、気持を乱されずに聴かれなくなるだろう。そうして、「何たる気紛れ！」といって、放り出したくなるだろう。少なくとも素直についてゆくには、ずいぶんと努力が必要になるだろうと思う。そうではなく、平気で、つぎつぎと聴けたとしたら、その人の精神の受容力包容力の広さには、私は、とってもかなわないと考えるだろう。

では、どうすればよいのか？　少しずつ、ゆっくり手間をかけて聴くことをおすすめする。一度にたくさん聴こうとしないことである。一回に、一曲か二曲か聴くというふうにして、そうやって時間をかけて、ひとわたり聴き終えておいたら、あとでどんな気分のときはどんな曲が聴きたいと整理がつくだろう。そうして、そのときは、この一巻の中に、何という豊富な世界が息づき包含されていることかと、改めて、嘆賞しないではいられなくなるのではないだろうか。

「バッハは小川でなく大河だ」とベートーヴェンは言ったけれど、それは《平均律クラヴィーア曲集》(第二巻)だけをとっても真実なのである。私に言わせれば、〝河〟どころではない。この表現の世界は〝人生〟のずいぶん広い部分にわたっている。

ということは、しかし、またグルダの演奏の卓越を物語っていることにほかならない。彼のタッチのもとで「二四の前奏曲とフーガ」は、一つの小宇宙と化する。

3

一体、バッハは、どんなつもりでこの曲集を書いたのだろうか? 周知のように、彼は《平均律クラヴィーア曲集》(第一巻)の巻頭につぎのようなはしがきを書き込んでいた。

「長3度、つまり、ド、レ、ミと短3度、つまりレ、ミ、ファに関連づけられた、すべての全音と半音にもとづく前奏曲とフーガ集。勉強に熱心な音楽青年たちの役に立ち、実用に供するとともに、すでにこの道に巧者であるような人びとの特定の気晴らし〔Zeitvertreib—逐語訳すれば、ひまつぶしである〕にも役立つよう、目下、アンハルト・ケーテン大公の宮廷楽長兼室内楽監督をつとめているヨーハン・ゼバスティアン・バッハにより着想され、完成された」

第二巻のほうには別にことわり書きはないし、こちらは個々の作曲の年代や動機ははるかにいろいろだが、しかし第一巻の続巻をなすようまとめられたと考えてよいのだろうから、第一巻のタイトルページの記述は、ここにもあてはまると見られよう。となると、これはまず学習者の勉強用。そのつぎはすでに上手な人の気晴らしの楽しみのためのものということになる。この前がきに作曲者のことを大げさに書きたてることに対する嫌悪というか遠慮をみることは自由だし、これほどの傑作の宝庫に対し何という内輪な評価だろうと感心することも自由だが、そういうことと全然別に、この文面に出ている一つの重要な点は、これらの曲が大ぜいの聴き手を前に妙技を振るう作品——つまり「演奏会用作品」として着想されたのではないらしいという事実である。

「大ぜいの聴き手」と私は言ったが、もしかすると、ここでは、およそ聴き手は全然予想されてなかったかもしれない。というのが、私の推測の正直なところである。勉強用なら、せいぜいクラヴィーアないしは作曲の先生がそばについて、生徒の弾くのを見守っている情景は考えられたろう。しかし「巧者のひまつぶし、気晴らし」となると、これはまさに——聴き手をまったく排除するわけではないにせよ——弾いている人その人に提供された素材であって、それ以外の何ものでもない。

クラヴィーアに通じ、作曲の心得のある人の気晴らし。その人は、クラヴィーアの前に坐り、この曲集のページをめくり、あれこれの曲を弾く。そばに彼の妻がいて、縫いものをしているかもしれない。そうして彼女はときどき彼の横顔にそっと目をやり、「この人はいつまでああやって弾いているのだろう？」と胸の中で考えたり、「来月は長男に新しい靴を買ってやらなければならない」と考えたり、もしかすると、良人に言うともなく、そのことを口に出してみるかもしれない。あるいは、同じ音楽の通人仲間が訪ねてきて、彼の弾くのに耳を傾けているかもしれない。ほのぐらいあかりに照らされた褐色の家具や壁板、床板によって区切られた部屋の中で、そのとき、どんな音楽が鳴らされていたのだろうか？

その響きを、つまり音楽を正確に思い浮かべるのは容易ではない。しかしそれにいちばん近い音楽——それを、私はスヴャトスラフ・リヒテルの演奏に聴くように思う。

いや、実は、話は逆なのだ。リヒテルのこのレコードを聴いているうちに私は、この曲集は何のために書かれ、（どういう具合にバッハの中から生まれ）どう弾かれたのだろうか？　と考えずにいられなくなったのである。

これらの曲――のすべて、とはいわなくても圧倒的多数――は、人に聴かれるためではなく、自分で聴き、そのなかにおのずから楽しみがあり、その楽しみの中で、時のたつのも忘れさせられる――という具合に弾かれるためにあった。それを近代的孤独の色彩の中で解釈する必要はないだろう。あるいは厭世家、あるいは世の中の営みに疲れた人の孤独な営みといった具合に。それに実は、聴き手が――あるいは聴くともなく、聴かないともない人が、そばにいたって、一向さしつかえはないのである。

だが、これらの曲は、いわば「曲そのものの中に」精神が没入し、ほかに何の思惑も、顧慮することもなく、過ぎてゆく時間と空間の中で鳴らされるためにあったのだということを思い出すのは、悪くないのではないか。少なくとも、私は、リヒテルの演奏を聴いて、静穏と孤独と深い自己沈潜とが音楽の形をとって流れているのを目の当たりにするように思った。ここでのリヒテルは聴き手のことなど完全に――あるいはほとんど完全に――忘れて曲にひたりきっている。

もし、ここで聴き手を想定するとすれば、それはやっぱり、バッハがいつも楽譜のはじに「その光栄のために」と書き添えていたあの「絶対の存在」であろう。「彼」がいるから、バッハは完全に世間を忘れ孤独になるのを恐れない、いや、彼は孤独ではないのだ。

リヒテルの演奏は、本当にすばらしい。というより、良いとか悪いとかいうより、ある絶対的な高さに達している。こういうレコードは、あとにもさきにも、ここにしかないだろう。

リヒテルがここで示しているのは、まず鍵盤の上に加えられたタッチの芸術の一つの頂点であって、多声の音楽、バッハのポリフォニーが、そのあらゆる声部を通じて、はっきりと、正確なアクセントとダイナミックをもって演奏されている。

これはそれだけでもすごいことだが、実はグルダも、その点ではけっしてひけをとらないのである。グルダの到達したポリフォニックなものの処理の熟達は大変なものだ。

だが、この二人の間には、単に音楽家としてのテンペラメントその他のいろいろな違いがあるだけでなく、ピアニストとしてのアプローチのうえで絶対的な差がある。それは、一口に言えば——ということは微細な点、具体的な個々のこととなると、また一概に言っただけでは不十分になるのだが——グルダはチェンバロ（ハープシコード）的な音のつくり方から出発しているのに対し、リヒテルはクラヴィコードのそれに根ざしている事実に帰着する。

グルダでは、ペダルは最小限度にしか使われず、ノン・レガートが根本となり、一つ一つの乾いた音のつらなりで、曲が造型される。だから、また、ここでは一音一音の強弱のとり方、それからもっと大きな単位、つまり楽節や楽段の単位でのダイナミックのきめ方、強調された、あるいは包みかくされたリズム、それからアクセントのおき方などが表現の死活にかかわる土台となる。それからテンポの設定が曲の相貌をつくってゆくうえでもっている重要性も、決定的なくらい大きくなっている。

こういった要素のすべての組み合わせのうえで、グルダは彼の秘術のすべてをつくして、音の小寺院たちを建造してゆく。それがさっきも言ったように、驚異的に多種多様の寺院の集団の出現という結果につながる。

リヒテルのは、その逆である。ここでは、ポリフォニーの一本一本の線のすべての呼吸におよんでいるニュアンスの流れるように滑らかな変化と持続が生命となる。微妙をきわめた音色の変化にテンポ・ルバートが加えられて、ほかに比べるもののないような歌謡性が生まれてくる。しかもそれは単純な〝歌〟ではなく、むしろ〝かくされた歌〟とでも呼びたくなるようなもの、むしろ音の流れの息の出し入れの軌跡のようなものである。

そうして、ここでは、何も強音を回避しているというのではないが、基調として全体を支配しているのは、弱音の世界なのである。滑らかさと、声をはりあげることを拒絶していることと、この二つが、非表現的な平板さにおおわれた灰色の世界のような印象を与えかねないように思われるが、それはほんの瞬間の錯覚だ。むしろ、どんな人間も気がつかずにいられないのは、演奏の驚くべき自然さというものだろう。聴き手は、かなり早く、ここにあるのがレコードに関する驚異的な完成度に達した芸術家でしか遂行できないものだと知るだろう。それほど、この流れるようなレガートの連続には、力んだところもよどみもなく、わざとらしさもなく、強弱の目につくほどの変化もない。それでいながらすべては、まるで清冽な流れの中を無心に遊泳している魚の群れのように、自由で――しかも水の流れそのものの論理に沿って、一つの方向に向かって、整然と動いていっているのである。

くり返すが、こういうレコードは、それ自体で、一つの絶対的な演奏を示している。二度とありえようとは考えられない。

私は、リヒテルの場合でも、何番の曲がどうということは、あえて、書かないことにする。ただ、たとえば〈第一八番〉（嬰ト短調）のフーガなど、例のごとく完全に平静な落ち着きの中で透明なポリフォニーが聴こえてくるのを聴いていると（この〈一八番〉では前奏曲はむしろ、比較的速めのテンポの中でほかよりダイナミックに弾かれているのだが）、さっき言った、一人の聴き手も予想されない世界での演奏を聴いているという不思議さ、その中から生まれてくるこの名づけようのない感情は何だろう？と思わずにはいられなくなる、とだけ言っておこう。これは雄辯を完全にしめだしてしまった世界である。

私のレコード・ライブラリーには《平均律クラヴィーア曲集》に関しては、もう一つ好きな盤がある。それは園田高弘の演奏したものだ（一九七二年の録音、CDは〔デノンCOCQ八三四〇一～四〕）。最近聴いたものばかりではないので、ここではこれについて書くことはしないが、これはこの曲集に関して、私がこれまでいちばんしばしばかけてきたものである。第一巻と第二巻が一つのアルバムにまとまって収められているのだが、最初の面に針をおろすや否や、あのハ長調の前奏曲が息づまるような精神の緊張と集中を通して聴こえてくる。これは、私にははじめ驚きであり、それからだんだん快い尊敬にかわっていったものだ。音楽はしだいに変化を加え、いつも周囲で聴きなれた論理的に堅固で平静なもの、デリケートで清潔なもの、装飾的なもの、烈しい運動性にとんだもの等々の世界を歴訪するようになる。そこにはつきせぬ興趣がある。これは日本の演奏家の手になるレコードの一つの頂点ではないだろうか。

# 幾通りかのバッハ

ソ連のピアニスト、タチアナ・ニコラーエワの弾いたバッハの《パルティータ》全曲盤のレコードを聴いた。聴いたといっても、まだ全部ではない。〈第一番変ロ長調〉を聴き、それからしばらくして、何曲かを聴き終えたところである［メロディアＶＩＣ四一三五〜八（一九八〇年の録音。この番号はＬＰで現在廃盤）］。

バッハの《パルティータ》というと、ことにその〈第一番変ロ長調〉は、昔から好きな曲で、自分でも、学生時代よくいたずらに弾いたものである。そのあと、レコードで、聴いた。

レコードは、リパッティのピアノ独奏によるもの（一九五〇年のスタジオ録音［ＥＭＩ ＴＯＣＥ三一五六］と同年のブザンソン音楽祭のライヴ録音［同 ＴＯＣＥ三一五九］の二種がある）。これは、ずいぶんきれいな演奏で、「こんなに高雅で、優美なバッハもありうるのか」と感嘆した。大きくいえば、新古典主義的なスタイルの演奏ということになるのかもしれないが、すっきりした行き方のなかにも、よく歌い、よく走り、よく流れる演奏。これを聴いていると、バロック音楽といっても、もうここには、十八世紀後半のロココ趣味を先取りしているバッハの面影があった。リパッティでは、第一番の冒頭におかれている「前奏曲」の出だしにある装飾の回音の弾き方からして、洒落ていた。

そのあと、私は、グレン・グールドのレコードを識った。あの画期的な《ゴルトベルク変奏曲》（一九五五年の録音、CDは［ソニー・クラシカル　SRCR二六二〇］）で、驚愕してから、何年あとだったろうか。そのレコードには、《イタリア協奏曲》と《パルティータ》の〈第一番〉、〈第二番〉が入っていた［米コロンビア　ML五四七二］（《パルティータ》〈第一、二番〉と《イタリア協奏曲》は一九五九年の録音、CDは［ソニー・クラシカル　SRCR二六一九］。上記も含んだ《パルティータ》全曲は、〈第三、四番〉が一九六二、三年の録音、〈第五、六番〉が一九五七年の録音、CDは［同　SRCR九四九四〜五］）。私の手に入れたのは、モノラルのレコードだった。あのころは、グールドはモノラルでしか出ていなかったのだろうか。それとも、私がステレオ装置をもってなかったので、わざわざ、モノラルのほうを買ったのか。いまは、覚えていない。あとで、《パルティータ》全六曲がステレオになって出たが、そのときは、正直いうと、少しがっかりした。これも覚えている。というのも、響きが丸くなっただけでなく、演奏の全体に、グールド特有の、鋭い、挑戦的な覇気が、少々、減ってきたように思われたからである。もちろん、それでも何といっても平凡ではないから、結構、楽しみもしたのは事実だけれど［米コロンビア M2S六九三］。

ところで、このモノラルのレコードでは、《イタリア協奏曲》の中間楽章のきわめて特異な演奏も、それから終楽章の猛烈な速さも印象的ではあったが、《パルティータ》第一番が、いちばんおもしろく聴けた。グールドのは、リパッティに優るとも劣らないほどの、細い、すっきりした音の音楽になっている。絵に類《たぐ》えて言ってみれば、デッサンのようなもので、色も、それから円い立体性もない描き方のように見えて、その線一本の動きのなかに、無限のニュアンスの変化があるといった趣の演奏である。ピアノで演奏した音楽は、すべて、ピアノという楽器のもつ音色とダイナミックと響きの全領域をかけめぐり、鳴らしつくさなければいけないと信じている人には、お気の毒だが、ちょうど絵にも油絵があれば水墨画もあり、パステルを使ってもよければデッサンでも、大芸術に生まれうるのだというのと同じように、ピアノ一つだって、使い方一つで、実にいろいろな音楽が、そこから、生まれてくるのである。

グールドのは、それを知るためのよい教科書みたいな演奏だった。それに、この一見、右と左の二本の線だけで書かれた音楽でしかないものから、いわば潜在的ポリフォニーをひき出してくる奏法、これが魅力だった。これは奏法というより、むしろ思考というほうがよいのだろう。そういうことを考え考え聴くためには、〈変ロ長調パルティータ〉にも劣らず、〈第二番〉のハ短調も絶好の実例ではある。このハ短調の曲の第一曲「シンフォニーア」のゆっくりした出だしから、アレグレット風の中間部を経て——言うまでもなく、バッハはそんなテンポの指定はつけてない——アレグロの主要部のフーガに入ってからは、その典型的なものだろう。フーガは、当然、多声音楽だけれど、フーガに入ってみると、その前の、二声で、しかも、一方がふし、一方がグレン・グールド特有の乾いたスタッカートのバスというふうに、単純至極の音楽として書かれていたものが、こういうバスと上声だけの音楽が成立するには、背後にポリフォニー的思考が厳然として控えているからだと、納得されてくるのである。だが、そういった「思考法」の特徴を別としても、グールドのバッハには、何ともいえぬリリシズムがあった。〈ハ短調パルティータ〉のクーラントもその一例だが、だいたいが均一のリズムで前進するだけのふしでありながら、そこに何という抒情があったことだろう。そのさい、グールドの——そうして、同じことはリパッティにも言えるのだが——演奏の特徴は、リズムの均一とイン・テンポは、原則として、あくまで崩さず、ゆるめずにいくのである。そのうえで、強拍や弱拍のアクセントの交代に当たって、フレーズの終わりにちょっとしたニュアンスの変化、テンポのたゆたいを、そっと目立たないようにおく。すると、それだけで、音楽に、器械的な均一でない、小さな生気が見られ、艶が出てくるのである。

そういう「詩味」を生むには、音の強弱やテンポの変化、響きの厚薄といった点に、あんまり大きな比重をおいた演奏であってはならないのである。高い質のデッサンの芸術になると、線のちょっとした太さの違い、厚みの加減が、見るものの心に、微妙な、しかし、いつまでも永続きする感興を呼び起こすように。


以上のように書いてきたが、ここで、念のために、古いレコードをとり出してきて、聴いてみたら、《イタリア協奏曲》の中間楽章の演奏に、改めて、胸をつかれた。目立って遅いテンポを土台とした、dのバス・オスティナートをはさんで、上と下の声部が進行する構造のこの楽章で、持続低音が、一見、できるだけ乾いた無表情な響きをとるように弾かれていながら、実に表現的なのである。聴いていて、胸がドキドキし、痛くなってくるほど、表現的なのである。表面の表情を殺し、ゆっくりと、単調に、そうしてあまり聴くひとの耳に立たないように弾いていればこそ、ますます、胸のなかの最も深いところにあるものに訴えてくる表現的な音楽になるのである。

ときには、耳に入らないほどの最弱音の領域深く、姿を消していってしまうほどである。これは、ちょっと、シューベルトの《冬の旅》を思い起こさせるほど、ロマンティックな連想を誘うといってもいいくらいである。

総じて、バッハと同じ時代のバロックの大家たち――たとえばヘンデル、たとえばテーレマンといった人たち――との相違の一つに、このロマン主義とはっきりレッテルがつけられる前のロマン主義（romantisme avant lettre）の有無にあるのだが、そのことを、このグールドの弾く《イタリア協奏曲》の第二楽章みたいに見事に示している例は、珍しい。この楽章だとか、それから《平均律クラヴィーア曲集》（一九六二～七一年の録音。CDは［ソニー・クラシカル　SRCR九四九六～七、九四九八～九］）のなかの何曲とか《インヴェンション》（一九六四年の録音。CDは［ソニー・クラシカル　SRCR九一七二］）の何曲とかは、そういう点でのグールドの真骨頂をあますところなく出している演奏であり、それらを聴けば、バッハがどんなに深い意味でのロマンティカーであったかが、否応なしに納得されるのである。

それと、この《イタリア協奏曲》では、当然、各楽章を通じて、クレッシェンド、デクレッシェンドが使われているのだが、グールドでは、それも、極力、控え目にやられている。なるほど、漸強、漸弱ではあるのだが、それは猛烈な地ひびきを立て、土煙りを立てて行なわれるというのとは正反対である。はじめと終わりで、そんなに大きな差はない。差はなくとも、それが伝わってくるのである。

以上、リパッティやグールドの演奏に比べると、ニコラーエワのは、非常に違う。

対照的といってよい。

もちろん同じ曲を弾いているのだから、共通点も多い。たとえば、どちらも、ルバートやペダルを多用せず——というよりほとんど使わないで——イン・テンポで弾いている点。音の変化は、主としてタッチの差でつくり、ベートーヴェン以後のロマン主義の音楽を弾くときのような全身の力を利用しての大がかりなものはやらない。

だが、ニコラーエワのは、そういう具合にやらないけれど、やろうと思えばいつでもやれる姿勢でいる。そのことは、〈第一番パルティータ〉の第一曲、「前奏曲」の終わりのところで、ものすごいクレッシェンドとなって出てくる。初めて聴いたとき、私はびっくりした。これでは、まるで、オルガン曲か、あるいは、はじめから、スタインウェイ・ピアノのために書かれた曲みたいではないか。こういうものは、リパッティやグールドはもちろん、ケンプやエトヴィーン・フィッシャーすら、やらなかったのではないか、と思う。

だが、ニコラーエワでおもしろいのは、このオルガンみたいなクレッシェンドを、〈第一番パルティータ〉の全曲を通じて、ここだけしか使わないことで、あとは、たとえクレッシェンドであっても、自然な流れのうえでのそれで、クレッシェンドを目標とした、クレッシェンドのためのクレッシェンドはもう出てこない。それだけに、私は、全曲を聴き終わって、ホッとすると同時に、また、ではどうして、あすこにあんなすごいやつを一発炸烈させたのだろうか、という疑問をもったのである。前に私は、グールドのバッハで、あすこには「ロマン主義というレッテル、名称――つまりははっきりしたその意識――が生まれる前のロマン主義」があるといったが、ここにあるのは、はっきりとかつてロマン主義があったという歴史の流れを、踏まえてのうえでの「ロマン主義」的奏法である。前者が、Pre-Romantik だったとしたら、こちらは、Post-Romantik のロマン主義である。

そのことは、ほかの楽章での彼女の演奏にも、別の形で出てくる。このレコードでは、彼女は、前と後の二部形式で書かれている各楽章を、それぞれ、反復して弾いている。グールドの〈第一番〉はくり返しがあるのとないのとがあり、多くはくり返しなしの一度きりでさきに進むように録音してあった。その場合、グールドでさえ、くり返しがあるときは、二度目を最初より弱く小さく弾いて開始したのだが、ニコラーエワも、もちろん、伝習に従って、このとおりやる。だが、そのときの彼女のやり方も、さっきのクレッシェンド同然、思いきった *p*、*pp*、*ppp* によるくり返しになっているのである。

何しろ、テクニックのしっかりしたこの人のことだから、そのピアノ、ピアニッシモは微妙であると同じくらい、かっちり弾かれている。それに、テンポをやたら動かさないのは、これまたリパッティ、グールドと変わらない。だが、生まれてくるものは、とても、ポスト・ロマンティックなのである。サラバンド、それからメヌエットなど、その頂点といってよかろう。

サラバンドでは、前半のくり返しを、最初は強く、二度目は弱くと対照をつける。後半では、最初は強く始まって、弱く終わる。二度目は弱く始まる。だが、それが実にロマンティックなのである。

メヌエットにいたっては、第一メヌエットは乾いたというか、スタッカートといってもいいくらいの極度のノン・レガートで弾くのだが、第二メヌエットは逆に、まるで歌手か弦楽器の演奏みたいな、音と音とが円滑に密着して続いて動く完全なレガートで始まる。前者を「乾いた」と呼んだのだから、こちらは、「湿気をおびた、うるおいのある」タッチといっていいだろう。しかも、このメヌエットでも弱音の領域が重用されるのだが、それはもう *p* を少なくとも三つ重ねた *ppp*。聴こえるか、聴こえないかの本当にかすかな音の世界での出来事になっている。

同じようなことが、その前のアルマンドやクーラントにもみられ、クーラントはノン・レガートの乾いたリズミックに支配された運動の音楽として弾かれ、アルマンドは、くり返しでの強弱の対比が鮮やかな音楽になっているのである。

このポスト・ロマンティックなスタイルが、六曲の《パルティータ》のほかの曲についても、共通して見られたとしても、不思議ではない。

〈第二番ハ短調〉では、まず、「シンフォニーア」の出だしのゆっくりした部分で、トリラーがまるでトレモロみたいな重量感で弾かれるのに強烈な印象を与えられる。続く「アレグレット的」な中間の速さの部分は、「より弱く」弾かれる。そうして、最後の「アレグロ的」主要部は、かなり速く、ダイナミックで通奏される。これは、まあ、普通の行き方といっていいだろう。

第二曲のアルマンドでは、だが、第一曲のときのような、くり返しにさいして際立った強弱の対照が見られず、逆に、第一部の終わりなどでは、シークエンスで進行するとき、クレッシェンドにややアッチェレランドが加わり、テンポがたたみかけるように速くなる。同じことは第二部に見られるが、この第二部では、むしろ、第一部では比較的抑えぎみだった強弱の対立を、はるかに重用しているのに気がつく。

つぎの第三曲クーラントでは最も注目されるのは、特に第二部の終わりのほうで、分厚く強打されるフォルテが幾つか出てきて、結びはその音で、ドン、ドンというふうに終わることだ。この強打される肉の厚き音は、こうして聴いてみると、「第一番にもあったわけで」と思い出されるのだが、リパッティやグールドには、たえて、聴かれなかった音であり、これまた、現代のコンサート・グランドにこそふさわしい華麗で盛んな強音とでもいいたいような響きとなっている。

この音で、オヤオヤと、私は少々興ざめの気持を抑えにくく思ったのだが、まるで、その私の気持を読みとったかのように、つぎのサラバンドは、単に弱音で始まり、弱音が重視されるというだけでなく、前の強健な曲とは打って変わった、日陰の音楽みたいな、弱音の領域で終始する、ロマンティックなものに変身しているのである。このあたり、私は、弾く人の心の動きがよく見られるような気がして、おもしろかった。というのは、何も、彼女が、クーラントを聴いていてびっくりした私の気持を読んだというのではなく、彼女自身が、クーラントを弾いていて、「やりすぎたかな」という気がし、それがつぎの楽章の演奏に反映したかのようだと思うのである。

もちろん、これも、半ばは比喩的な言い方としてお読みいただきたい。レコードに入れるのだから、やりすぎたと思えば、何回でも弾き直せばよい。実演とは違うのである。

このあとにくる、ロンドの楽章は、また、クーラントのときと同じように、リズミックで、強壮強靭な音楽に戻る一方、そのまたつぎの——つまり最終楽章のカプリッチョが、弱音で始まるという具合に、強・弱の対照の一対が、くり返し、出てくる。こうして聴くと、彼女が、この《パルティータ》をどう理解し、把握しているかが、さらに鮮明になるわけである。

もちろん、強く弾く、弱く弾くといっても、何もはじめから終わりまで強かったり、弱かったりするわけではない。現に、この〈第二番パルティータ〉の終曲カプリッチョは、曲の進行の途中で、微妙な弱音もあれば、明るく強い個所も出てくる。そんなことは、わかりきった話である。

　私の言っているのは、このソ連有数のバッハ演奏家といわれている人が、バッハをどう解釈しているかを通じて、その底にあるものへのアプローチとしての話である。そうして、私は、こういうリパッティの新古典主義的で、しかもロココの香りの漂うバッハの《パルティータ》とか、グールドのきわめて個性的であり、反ロマンティックな特徴をいっぱい具えた手法で弾きながら、しかも、プレ・ロマンティックな味わいをかもし出さずにおかないバッハを聴いてきたあと、こういうニコラーエワのようなポスト・ロマンティックな——といっても、まさか誤解をうける心配はないであろう。私は何も、彼女がバッハをラフマニノフみたいに弾いていると言っているのではないのだから——バッハが、いまのソ連に在るというのを知るのは、それ自体、おもしろいことだと思う。

「バッハのこの種のクラヴィーア作品は、チェンバロで弾くにせよ、クラヴィコードによるにせよ、いずれにしても、ピアノ、それも現代の巨大なコンサート・グランドのために書かれたのではないのだから、それを使って弾くべきではない。ましてや、そのピアノで弾くことを前提とした奏法の違いのあれこれについて論じてみても意味がない」というようなことを考えたり、言ったりする人もいる。学問的にいうと、そういう立場もありうるのだろう。だが、そんなことを言うなら、バッハのオルガン作品にしても、彼の使ったのとは違う、十九世紀ロマン派全盛期に作られたオルガンで弾くこともすでに問題になる。ほかの弦や管の楽器も、もちろん、それぞれに問題が出てくる。

私は、そういうことより、ピアノで弾かれた《パルティータ》でさえ、こんなに幾通りものやり方で、「この音楽」を解釈し、音にしてみる可能性をもっているのを高く評価する人間の一人である。

こんなふうに、いろいろな楽器で弾けるというのが、私には、バッハの音楽の本当にすばらしい点の一つであるとしか考えられないのである。いつか、グールドが《フーガの技法》を——あのなかの幾つかの部分を——オルガンで弾いたレコードがあったが、あれも結構おもしろかった。

# グールドの《ゴルトベルク変奏曲》によせて

レコードという動詞をオックスフォードの辞典で調べてみると、まず *register, set down for remembrance or reference* つまり「記載する」「心覚えとか参考のために書きとめておく」という意味だと説明してある。ある意味では人間のすることはもちろん自然の現象もすべて書き記しておくに値するだろう。しかし、辞典には、このあとにまた *represent in permanent form* という説明がついている。これは「恒久的な形で表示しておく」といった意味だろうが、そうなると、このレコードという言葉は、何でも良いのではなくて、恒久的に保存するに値するものを何らかの形で記録としてとどめておくという意味を含み、記録されるべき対象の価値の問題がからんでくる。多くのものの中から保存するに耐えるだけの価値のあるものを選んで、それを恒久的な形でとっておく。つまり顕彰するという行為が、レコードするということなのである。スポーツなどで、世界記録とか何とか記録とかいうときの、レコードという呼び方は、さらにまた、速さとか長さとかそのほかの点で、これまでどんな人間もやれなかったことをやりとげた、その行為があって、それを記録にとどめるという意味で使われる。これはいうまでもないことである。

ところで、音楽やその他を記録するレコードというもの、これは今までに何万種あるいは何十万種作られてきたか知らないが、その莫大な量に上る「音の記録」の中で、今言った価値観念を含んだ、本当に「恒久的に保存し顕彰する」という意味に適い、また「これまで誰もがやれなかったことを果たした行蹟を記録する」ということになると、その名に値するものは、どのくらいあるのだろうか？

私は、グレン・グールドの演奏したバッハの《ゴルトベルク変奏曲》のレコード（一九五五年の録音。CDは［ソニー・クラシカル　SRCR二六二〇］）は、まさにその名にふさわしい非常に価値の高い、ごく少数の範疇に属するものと考えている。そこに収められた楽曲のずばぬけた質の高さからいっても、ここに鳴っている「音楽」、つまり演奏の稀代の美しさからいっても。これは、これまでの演奏家の誰もやらなかったことを達成したものだし、その後も、私は寡聞にして、この曲のこれ以上のレコードを知らない。かつて、このレコードを初めて聴いたとき、私はひどく感激してしまった。そのあげく、知人たちにも喜びをわけあってもらいたくなり、やたら買い込んで送りつけたものである。

グレン・グールドが一九三二年九月二五日にカナダのトロントに生まれ、三歳のときから母親についてピアノを習ったあと、トロントの王立音楽学校でピアノ、オルガン、作曲を学んで、一二歳という破天荒の年齢で卒業したこと。一九四七年ベートーヴェンの《ピアノ協奏曲第四番》の独奏者としてデビュー、以来アメリカ大陸はもちろん、ソ連を含めたヨーロッパ、イスラエルのような近東地方にかけて演奏旅行をして、各地で圧倒的な成功を収めたこと。しかし、近年は演奏会での活動を一切やめてレコードの録音に専心していること。そういうことは、もう日本でも、音楽好きなら皆知っていることである。

私が初めて彼の名を聞いたのは、一九五八年の秋のことで、ベルリンに行ったら、その一日か二日前に彼がベルリン・フィルハーモニーと協奏してバッハの協奏曲を弾いたのが大変な評判になっていたときである。批評家はもちろん、音楽家たちも、口を揃え、口を極めて彼を賞めていた。そのあと、彼がハンブルクで独奏会を開くというので、私はわざわざハンブルクに飛んでいったのだが、病気とか何とかいう理由で会はキャンセルされてしまった。爾来、私はついに今日にいたるまで、彼の実演に接する機会をもたずにきている。

日本に帰ってきて、私は、まもなく彼のレコードを探した。そうして、手に入ったレコードを聴いた。日本では彼のレコードが二種出ていた。一つはバッハの《ゴルトベルク変奏曲》、もう一つはベートーヴェンの後期のソナタ、作品一〇九、一一〇、一一一（第三〇、三一、三二番）の三曲を収めたものである。しかもそれが二枚ともたいした評判にならないどころか、むしろ批評は悪かったという話なのだ！

私は驚き、怪しみ、呆れ、そうしてひどく腹を立てた。そのあとしばらくして、かつてそれらのレコードを出していた日本コロムビアから依頼を受けたので、私は喜び勇んで、「グールド讃」という一文を書いた。レコードのジャケットにものを書いた私の最初の仕事であり、それが縁となって、私はしだいにあれこれレコードについて書く羽目になってしまった。ジャケットに書くことは今でも好きではない。にもかかわらず、今こうしてもう一度グールドについて書く。思えば、懐かしいような、恨めしいようなものである。

といっても、このレコードを聴くときは、そのたびに正直いって、「懐かしい」というような距離感とゆとりは、消えてしまう。私は冷静に注意深く聴いているのだが、そうすればするほど、感銘は心の深いところまで浸透し、喜びとなって充ち溢れてくる。

《ゴルトベルク変奏曲》は本来はピアノで演奏すべき曲ではない。私は技術とメカニックのことを言っているのではない。もちろん二段鍵盤の楽器のために書かれたこの曲をピアノで弾くには相当の困難があるけれども、不可能ではない。それに問題は、それだけでなくて、曲の途方もない長さと変奏の一つ一つの性格が、それぞれ独立しており、しかも機械的なくらい整然とした秩序で組み合わされているこの曲の様式と精神が、これを同じように極度の集中をもって聴くことをむずかしくする。だから一般にこの曲が演奏会のプログラムにのるのは、きわめてまれである。だが、この曲を、ピアノ音楽が極度に発達した二十世紀になってから、はっきり指摘し、ついに定説化したのは、現代のチェンバロ復活の主導者、ワンダ・ランドフスカであった。彼女は本来チェンバロのために書かれた古曲一般についてそう言ったのだが、そのころピアノで弾かれなくなっていたオルガン曲は別として、バッハのクラヴィーア音楽、つまり鍵盤楽器用音楽について、これらは、ピアノで弾くべきでないといい、事実それがチェンバロで弾かれたときは、どんなに違うかを実証した。以来、ピアニストであることに誇りをもつ音楽家はバッハをピアノで弾くのを避けるのが普通になった。リストやブゾーニのピアノ用に編曲したのは別として。それに教養のあるピアニストの大部分は、十九世紀のピアノ語法と趣味にあわせて変形したバッハを弾く気になれないのが通常でもあったから、結局バッハは公開の演奏会のプログラムに上ることが極度に少なくなった。《インヴェンション》とか《平均律クラヴィーア曲集》その他がピアノの勉強用として不可欠であったにしても。これらの曲を公開の演奏会で弾く人は、特別の機会を別とすれば、今も昔も、いない。

ことにランドフスカが、第二次大戦に際しそれまで住みなれたフランスを離れ、アメリカに渡ってからは、合衆国では若い世代のピアニストにとってバッハをピアノで弾くのはタブーであり、時代おくれの愚劣な行為に近く見られるようになった。

私はランドフスカの晩年に当たる一九五四年にバッハを弾くのを聴いたことがあるが、それだけでなく、彼女にはこの《ゴルトベルク変奏曲》のレコードが残されている（一九三三年の録音で、CDは［EMI　TOCE九四〇三］廃）。これは今も日本でも買えるはずである。その演奏を聴いてみると、冒頭の主題から重々しく、物々しい演奏にびっくりしないわけにいかない。これはもう主題と変奏という音楽ではなくて、十八世紀前半の王侯貴族があのひだと飾りをたくさんつけた、重そうな衣裳を着て、サラバンドを踊るのを見る想いがする（この曲の主題がサラバンドであるのはいうまでもないが、それをバッハは彼の愛する妻アンナ・マグダレーナのための練習曲集の中に書き込んだのである）。というのも、全体の表情が意識的に時代がかったバロック様式にあわせて弾かれているだけでなく、気位の高い淑女で学者演奏家であったランドフスカは、まるでかつて自分が反抗した、誇張された華麗でロマンティックな、バッハの演奏様式に負けまいとしているかのように、レジスターを使って低音もオクターヴを重ねて弾いているのである。リストやブゾーニたちは、ピアノに編曲したとき、よくオクターヴを重ねて、当時まったくすたれていたチェンバロに近づくのとは逆に、オルガンを連想さす重厚と豪壮を出したがっていたわけだが、ランドフスカ自身のテンペラメントも実は十九世紀の音楽性に根ざしたものであり、彼女の精神の根底には、膨張と発展と複雑への好みが、脈々と流れているのである。そこには王者の気品はあるが、少々物々しすぎる。それに残念ながら、彼女には今日の名人たちが達した技術の完璧が欠けているので、とかく技術が演奏の足をひっぱる。

私はランドフスカを非難したり攻撃したりする気は毛頭ない。これは十九世紀から二十世紀にかけて名人の輩出した時代の様式を、チェンバロで実現した貴重にして典型的な例として珍重に値する。

しかしここから「バッハはこう弾かれなければならない」ということを、出してきてはいけない。その点では現代のチェンバロとオルガンの巨匠ヘルムート・ヴァルヒャのほうが、現代のバッハ研究の学問的成果を踏まえたうえで、高い安定した演奏を示している。それにヴァルヒャは厳正であり、一点の甘ったるさも許さない。

グールドのバッハが、ランドフスカより、ヴァルヒャの演奏により近いのはいうまでもない。しかし両者の間の差異も、また無視できないほど、大きく著しい。それはこの二人の音楽家の音楽の差であると同時に、チェンバロとピアノの差でもある。チェンバロとピアノの決定的な違いは、チェンバロではレガートができないこと。それからピアノではタッチによって音色に多彩な変化が得られることにある。グールドの言葉をかりれば「さまざまのレジスターを持つが音の出し方自体には変化のないチェンバロは即興演奏により適している。ところがピアノとなると、やれることが多すぎてかえって当惑せざるをえない」。たしかにチェンバロのほうがバッハを弾くにはやさしいことは確かだが、ピアノのアクションを少し浅くしてより鋭敏にすると、いわば自動操縦装置《パワー・ステアリング》のない自動車のようなものになり、機械装置でなく、演奏家自身がコントロールしなければならなくなる。

「車があなたを操縦するのではなくて、あなたが車を運転しなければならなくなる。バッハを弾く秘訣はそこにある。バッハでは反応の即時性と事物の微妙な決定をコントロールする能力が絶対に必要なのだ」

　グールドがバッハを弾くのを聴いていると、この「反応と即時性といろいろなタッチの微妙な決定の調節」がものすごく鋭敏に、しかも、際立って高度の知能的《インテレクチュアリティ》な態度と技術の水準と緻密な音楽性《フィーリング》とがからみあいながら、演奏の進展するさまがよくわかる。それに一面では極度にスリリングな魅力の源泉になっているが、一面では聴後の全体の印象を統制のとれたものにする原因ともなる。

　一言でいえば、グールドはランドフスカ以後、バッハをピアノで弾くのを再び可能にしたのである。しかし彼の弾くのは、かつてのリスト、ブゾーニ流のバッハではないのだから、むしろバッハの実像をピアノで描くことを新しく可能にしたというほうが正確だろう。彼の演奏の速い走句たちの水際立った見事さ、よく歌う旋律（それはことにカノンの多声書法の一つ一つの声部をよく区分した性格的な歩みにもまた驚くほど出ている）、胸のすくような精緻なリズムと、フレーズの区切り方、テンポの良さ。そういった全体がまるで苔の庭のような一分の隙もない緻密で濃密な音の敷物を作りあげるのだが、しかもその表面の艶々した端々《みずみず》しさと、その下を絶えず生きて流れている抒情の味わいの気韻の高さ。

これが一九五五年、当時二二歳あまりの青年による、デビュー録音であったというのは驚異というほかない。アメリカの批評界が、「新しいピアノのセンセーション」とか「稀代の天分のピアニスト」「どんな時代にも類をみない才能」といった称賛の言葉を惜しまなかったのも当然である。

グールドは、その後もさかんにレコードを録音している。それを追って、彼の変化と持続の軌跡を追求することは、今日にいたるまで私のレコードを聴く楽しみの中核にある。特に目立つのは彼のまったく思いもかけぬところからポエジーをつかみ出してくる傾向であり、それは近年ますます増えている彼のベートーヴェンのレコードに端的に表れている。ことにあの奇想天外の遅めのテンポには――かつての後期のソナタのレコードではあんなに速かったのに！――この天才にとり憑いた魔霊《デーモン》が〝誇張のデーモン〟と背中合わせに生存しているのかと思わせるものがある。しかしこの記念すべき処女録音では、知性とデモーニッシュな魔力とは――いかにもバッハの音楽にふさわしく――黄金の均衡を保っている。

# ピノックの《ゴルトベルク変奏曲》──冬に聴く

　私の目の前に、一枚のレコードがある。私はいま、それを聴き終わったところだ。そのレコードは、私の気に入った。ここには、第一に、私が最も高く評価している、そのうえ、私のいちばん好きな部類の曲の一つが入っている。私は、この曲を、そう始終というわけではないけれども、しかし、何かというとよく思い出し、そうやって思い出すだけではもの足りないときは、自分でピアノを弾いてみたり、あるいはレコードで聴く。自分で弾くときは、むずかしくって、とても全部弾けない。それで、曲の並んでいる順にではあるけれど、あるところは弾き、あるところはとばしてゆく。ときには、むずかしいところを何度もつかえたり、間違えたりしながら、くり返し弾くこともある。もっと多いのは、もちろん、自分で弾いていて気持のよい部分を、くり返し、弾く場合だ。この曲は、厳密な構成をもって書かれ、まるで、ゴチックの大聖堂のような力強い構築美をもっているにもかかわらず、その一部をくり返しくり返し弾いたり、一部を抜かして弾いてみることも、不可能ではないように書かれている。私の言っているのは、バッハの《ゴルトベルク変奏曲》のことである。私は、サラバンドの主題を自分なりに気に入るまで何回かくり返し弾いて、さあ、ではつぎにいこうと、第一の変奏に入るところ、あるいは弾き出すときなど、何か非常に快いものを覚える。どうしてかと、いつも思っていたが、このあいだ、訳者の好意で送られてきたランドフスカの『音楽論集』を読んでいたら、こういう個所にぶつかり、「ああ、そうだったのか」と納得がいった。よい本は、ありがたいものである。

「この変奏曲の主題をなすアリアは、アンナ・マグダレーナの手で一七二五年の《クラヴィーア音楽帳》に書き写されたサラバンドである。（中略）このサラバンドはもともと一連の変奏の主題にするつもりでつくられたのではないように思われるが、一つの小さいが重要な点がこの考えを確証しているような印象を与える——つまり、アリアの終わる五小節まえから、バスはそのしずかな足どりを捨てて活発になり、はじめの意匠に戻っていないという点である。そのバスの上で、一様に揺れてゆく十六分音符が主題を終結へと運んで、そのままの進み方を第一変奏でも追っていくのである」(1)［譜例1］。

そうなのだ。だから、私たちは、これを弾いていて、終わりから、またくり返しに

［譜例1］

入ってゆくこともできるけれど、しかし、そのくり返しのあとで、つぎにくる最初の変奏に入っていっても、何の不自然さも感じないどころか、むしろ、そこでまた、一つの新しい、いうにいわれぬ快感を与えられるのである。私は、ここにくるごとに、感嘆する。そうして、気持よく、先のほうへと、誘導される……。

　私の前にあるレコードは、第二に、演奏だって悪くない。若々しい感じの、あまりあれこれいじった跡のない、自分の心の動きと感受性が率直に伝わってゆくような演奏である。トレヴァー・ピノックという一九四六年イギリス生まれのチェンバリストだそうである［アルヒーフ　28MA〇〇〇三］（一九八〇年の録音、現在廃盤）。名人かどうか、私にはわからない。ただ、聴いていて、気持がよい。そのうえ、もう一つ、私の好意を引き出すのは、この素直な演奏が、それでいて、グレン・グールドのかつての名盤によく似ている点が少なくないことにも、よる。[2]

　もちろん、違いも少なくない。第一、主題のサラバンドは、グールドのは、アレグレットとまではいえなくとも、アンダンテ・コン・モトの快い歩調のテンポで、終始よく歌われるように弾かれていたのに対し、このレコードのは、一時代前の人びとがよくやった、物々しい衣裳をつけた貴族の歩く姿を彷彿とさせずにおかない、バロックの重く遅いサラバンドのテンポになっている。それに、グールドが、幾つもの変奏で、まるで気が狂ったのではないかと思われるくらいのすごいスピードで弾きぬいたものを、この若い人には、たしかに速いけれど、あんな超絶的な、聴くものの度胆をぬくといったエキセントリシテを感じさすものがない。「牙は抜かれ、毒は薄められている」といってもいい。そのかわり、平明と、淡白と、晴朗と、暢達と、そうして、ユーモアと微笑も欠けていない。

　私が、おもしろく思うのは、こんなに違っていて、しかも、少なくとも私が知っているほかの人たちの演奏に比べると、ピノックの一つ一つの変奏に与えたテンポの配分が、グールドのそれに、最も近いということである。

　しかし、さっきも言ったが、ここには、聴くものの心を思わぬところでざくっとえぐるような牙は欠けている。グールドには、異常に鋭い知性と、そのためにどうしても平均的な演奏を不可能にする、病的といってもよいような感受性から生まれた、現代離れした抒情性――人によっては「人工的、頭脳的」と呼ぶかもしれないような、しかし、事実はむしろ、現代というより十九世紀にあってもおかしくなかったはずのロマンティシズムに由来する――抒情性があって、それが、たとえばこの《ゴルトベ

[譜例2]

ルク変奏曲》の第二五変奏曲ト短調の半音階の歩みに、《トリスタン》を支配している闇よりもっと濃厚な暗黒と、絶望すれすれの戦慄を与えるところまでいってしまうのだが、そういうものは、このレコードでは、聴かれない[譜例2]。

それでいて、この演奏がよいと思うのは、前述のような理由からである。ここでの晴ればれと微光をもって輝く変奏、小川のようなさざめきときらめきをもって流れる変奏の幾つかは、本当に、このチェンバリストの心のなかから、まっすぐに生まれてきたものだ。

それともう一つすばらしいのは、このレコードでは、すべての変奏が楽譜で指定されたとおり、反復されているわけではなく、あるものはくり返され、あるものは一回限りでさきにいってしまうのだが、それが、また、私の目には、好ましい選択と映る。どれもこれもが同じようにくり返される謹直さは、私には、たとえバッハがそう指定していたとしても、この曲の場合、曲の性格と矛盾しているような気がして、耐えがたい。私は、くり返しがすべていけないといっているのではないことは、いうまでもなかろだといっているにすぎない。要は、演奏はくり返すとすれば、くり返しの必然性を、聴き手に納得させるべきだろう。

私の前に一枚のレコードがある。そのレコードを前にして、私は考える、誰かにこのレコードを聴かせてあげたい、と。

私は、誰かれのことを、頭に浮かべる。その人たちは、私のような職業にたずさわっているものでも、音楽家でもなく、音楽好きの、あるいはたぶん音楽が好きであるだろうと私に思われる人たちである。なかでも、もしかしたら、この曲をこれまでまったく——あるいは、よく——知らなかったのではないだろうか？と思われる人たちがいる。私は、知っているのと知らないのと、その境界のあたりにいる人は誰だろうか？と考えてみる。私は、そういう人に、このレコードを送ってみたいと思うのである。

正直をいうと、こういう考えが浮かぶのは、これが最初ではない。これまでもよくあった。そうして、私は、これまでも、何度も、そうやってきた。ただし、私が誰かにレコードを送りたくなるとき、そこに、いってみれば、二つの場合がある。一つは、そのレコードそのもの——つまり、曲と演奏の両方が、非常に気に入ったからというのと、そういうことではなく、たとえば病人への慰めに、あるいは、知人もあまりありそうもない遠い土地に転勤になり、さぞ淋しいだろうと思う人への慰めにと、何かレコードを送ってあげたいというのと。いや、淋しいとか病気とかいう必要もない、つれづれのままにレコードを聴きたくなるとき、そんなときの楽しみの一つになればよいのである。

私は、そういうものの一つとして、この《ゴルトベルク変奏曲》のレコードを送りたいと思うのである。

ところが、ここで困ったことが生まれる。というのは、これまでの経験上、私は、レコードを受けとった人からよく、「せっかくのあなたの推薦されたレコードだから、さぞすばらしい演奏と思って聴いたのに……」とか、「いかにもご推薦になったごときすばらしい演奏と信じます」とかいった言葉が入った返事をいただく。私とすれば、何も名曲名盤のサンプルとして送ったのではなく、時によっての楽しみにと考えたとき、こう受けとられると、何といってよいかわからなくなる。そうして、レコードといえば、いつもいつも、模範的演奏だけが価値があり、そういうものでなければ、うかつにそれについて書くことも紹介することもできないという考えに、本当に閉口してしまう。そのうえ、この困った事態が生まれるうえに――とはいえないまでも、その心的傾向を強めるうえに、私も小さいながら、一役を買ってきたことである。私も、たしかに、この曲についてはこの盤が、この曲についてはこの人の演奏が、私は大好きだとか、私はいつもこれで聴くといった種類の話を、長いあいだ書いてきているのである。

こうは言っても私は、今後、そういう話は一切言ったり書いたりしないとは、誓いかねる。何かのレコードがすごく気にいったら、きっと、この種のことをいうだろう。それにもかかわらず、私はこれまでも書いてきたし、信じてもきた、この曲について、これが最上、このほかに名演なしというのは間違いだ、と。演奏とは、そういうものではない。つまり、音楽とは、そういうものではない。

だが、そういう議論は別として——いまにして、私はかなりはっきりそういう考えに達した——そのなかに、いつまでも手許において、何度もくり返しくり返し聴くべきものばかりがレコードではない。レコードのなかには、一度、ゆっくり丁寧に聴いてみれば、あとは、その楽しみを、むしろそのレコードをこれまで知らない人に、順々にゆずってゆくのが正しいのではないかと思われるものもあるのだ、と。

私には、このごろは、そうやって聴くレコードが多くなった。なぜ、そうなるのか、そのことについての話は、またいつかゆっくりやろう。とにかく、肝心なことは、「この曲はこのレコード、この演奏」と頭から決め、その結果、あとのレコードを受け入れる門戸を閉じないで、いつでも、ほかの演奏を受け入れる余地を残しておくようになったという点である。

さっき引いたランドフスカの本には、また、こういう言葉が出てくる。

「雄弁が上手に語る術であるのに対して、解釈は上手に演奏し、もしくは歌う術である。解釈にはただ一つ、正しい解釈しかないと主張するのはまちがっている。千通りもの悪い解釈があり、千通りものよい解釈があるのではないだろうか(3)」

この大演奏家、大解釈家の言葉について、もう一度、考えてみるのはよいことだ。私たちの仕事は、千通りあろうと百通りしかなかろうと、良いのと悪いのと、二通りの解釈しかないと、制限することではないだろう。

よい解釈でも、千通りもあるのだとしたら、私たちが、目の前におかれたレコードについてやるべき仕事は、それがどんな点で、これまで知っている、ほかの人のものと違い、その違いは、曲についてのどんなことを、私たちに啓示するのか?を考えてみることだろうが、たとえその新しく知らせてくれるものの量がたいして多くなくても、一回、そのレコードを聴くことによって、私たちが味わうことのできるものを軽視すべきではないだろう。

注

(1)『ランドフスカ音楽論集』(ドニーズ・レストウ編/鍋島元子、大島かおり訳、みすず書房刊)二五〇〜二五一頁。

(2) グールドの《ゴルトベルク変奏曲》のレコードというとき、私はもっぱら最初のモノラル盤［ML五〇六〇］（一九五五年の録音で、CDは［ソニー・クラシカル SRCR二六二〇］）を指す。ステレオになってからの盤はなぜか、迫力が薄れてしまった。

(3) ランドフスカ、前掲書、一七七頁。

# パルティータ（全六曲）

アンドラーシュ・シフ（ピアノ）
CD［デッカ　POCL四三五七〜八］

アンドラーシュ・シフは本当に魅力的なピアニストである。第一に、音が冴えている。特に弱音が言いようなく美しい。だが、それに優るとも劣らない魅力は、彼の演奏ぶりである。シフの音楽のやり方が、まことに自発性に満ちている点である。そこには、人の真似をしたり、借りもので間にあわせるところがない。この青年ピアニストは、初めから終わりまで、隅から隅までが、自分のイニシアティヴで出発した「音楽」をやる。ときには、ずいぶん大胆奔放なところまでゆくことも辞さない。何年か前、上野の東京文化会館小ホールでやったリサイタルでは、スカルラッティのソナタを、全部で何曲だったか、少なくも六、七曲を下らないソナタをひとまとめにして、つぎからつぎと弾いた。その間のつぎつぎとくりひろげられる音楽の流れの変化のおもしろさ。あるときは急流ほとばしるように、あるときはゆったり平地をゆく川のように、そのほか清冽な流れ、さわやかな水しぶきをあげながら嬉々として走ってゆく流れ……そういうなかに、日もささない山陰を人知れず暗く流れてゆく水のひとすじといった曲もあったりする。そのみんながスカルラッティであり、シフなのである。どの曲も、ほかの誰にも似ておらず、ほかの誰の演奏とも違う。楽しかった。

シフは同じ夜、シューベルトの遺作のあの長い《変ロ長調ソナタ》（第二一番D九六〇）も弾いた。これもすばらしい出来だったが、特に印象的だったのは、第一楽章の提示部が終わって、もう一度最初からくり返すとき、その前にシューベルトがさしはさんだ数小節の経過部の演奏の仕方。これは、今言ったスカルラッティの演奏の瑞々《みずみず》しさとは逆に、文字どおり鬼気迫るものを感じさす凄みがあった。強いというより痛い*ff*。一音一音、聴くものの心をつきさすような*ff*で奏されるのである。シューベルトは、ご承知のとおり、《未完成交響曲》の同じような個所でも、すごい経過部を書いているが、このソナタの場合も、私たちはこの数小節を聴くために、あの長大な提示部をもう一度くり返し聴く忍耐をもっといってもいいようなものだ。それだけに、ここを何の意味も、内容もない音楽のように弾いてしまうピアニストに出会うと、「もう二度とこんな奴は聴きに来るまい」と言いたくなるほど腹が立つ。

シフは、その逆である。あんまり良いので、こういうピアニストなら、何度でも聴きに来たいという気持を起こさせる。

こういうわけで、彼は、きれいな $p$ と、それから凄みのある $f\!f$ とをそなえたピアニストなのである。

そのシフの弾いたバッハのレコードとして、数カ月前に《ゴルトベルク変奏曲》が出た（一九八二年の録音、CDは［デッカ　POCL五一二七］）。それもすばらしかった。しかし、《ゴルトベルク変奏曲》というと、私など、どうしてもグレン・グールドのそれが目の前に立ちふさがっている。新しい演奏を聴いて、自分を主張するだけでなく、グールドを抜いたものだと、聴き手を、納得さす力のあるものにめぐりあうのはむずかしい。シフの演奏は、グールドと比べても、なおかつ、新鮮なものを感じさす点、さすがとは思う。そうして、なぜ選りによって、この難曲をわざわざピアノで弾くのか？ということで、聴き手を納得さす人は、現代、グールドのほかにはシフしかいないのではないかと考えさすところまではいっていたけれど。

そのシフが、先日また日本に来て、今度は同じバッハでも《平均律クラヴィーア曲集》から八曲をとり出して弾いた。それも第一巻の〈第一番〉から〈第四番〉と、第二巻の終わりの四曲というおもしろい選択である。これは、選曲だけでなく、演奏も素敵だった。シフの弾き方は、強くノン・レガートに傾斜するグールドとは逆に、レガートを主体に、そこにノン・レガートを混入さすのを主体としている。ペダルは、もちろん、ほとんど使わない。弱音ペダルも、同じであるが、音の強度そのものとしては、弱音にずっと近いところで弾く。曲の全部が*mp*という場合もある。その結果、要するに、小声で、そうして円滑に、語られてゆく話を聴くような気持を、聴き手に与える。ただ、彼は、フーガを弾くとき、これまでの多くの人たちがやってきたようにテーマにいろいろアクセントをおいたり、さもなくともテーマを、ほかの声部より目立って浮き上がってくるように弾くとは限らない。もちろん、テーマは、その入りのたびに、はっきりわかるように弾く。だが、そのあと、ほかの声部にテーマが入り、今度はこちらが対位線になるという場合でも、必ずしもいつも、その他の声部より弱くはしない。だから、たとえば〈第一番〉のハ長調のフーガなど、ソプラノはテーマをやったあとも、ずっとそのまま、同じような強度で歌いつづけてゆくという具合である。だから、局部的には、同時に幾つもの声部が同じくらいはっきり、強く、からみあいながら進行することが、たびたび起こる。それを、シフは、明確に弾きわけ、しかも、各声部がそれぞれよく歌うように弾くのである。おまけに第二巻の〈第二二曲変ロ短調〉のフーガ（だったと思う）では、レガートと軽いスタッカートに近いノン・レガートが同時に進行する場面が出現する。そういうときも、本当にきれいに弾かれる。

明るく楽しい曲。軽妙、軽快な曲。こういうものが、当夜の印象では、特に目立って楽しかったが、なかには、今言った変ロ短調の曲みたいに大きくて重厚なものもよく弾かれていた。《平均律》ばっかり弾いてピアノ・リサイタルをやるというのは、いろいろな意味で冒険だ。聴き手をあきさせたり、さもなくとも、何か学校的な教育的な雰囲気が生まれたり、弾き方によっては、小さな家庭音楽の集まりみたいなものになってしまったりする恐れがある。シフのように見事にこの曲を弾くのを聴いていると、《平均律》のすべての曲を、この人の演奏で聴かせてもらいたくなるが、そういうことは、レコードか放送か何かでなければ無理かもしれない。逆に言えば、この演奏を聴いていて、私はいずれシフの《平均律》全曲のレコードが出るのではないかという予感と期待を抱かせられた。だが、それはいつのことかわからない。

そこへ、今度、《パルティータ》全六曲のレコードが出た［ロンドン　L56C一八一四～五（LP）／F66L五〇一二四／五（CD）］（一九八三年の録音、これらの番号は廃盤。CDは［デッカ　POCL四三五七～八］）。

私は、さっそく聴いてみた。といっても、実は、私はレコードになると、何曲も続けざまに聴く――それも、同じような精神を集中させ、丁寧に聴くというのが、非常にむずかしくなるのである。実演では、そういうことに慣れている。というより、そうやって聴くのが楽しいし、良い演奏だと、そうやらないでいられなくなる。ところが、レコードだと、良い演奏であれば、それだけで満足し、「あとはまたいつか」と考えるか、あるいは、満足し楽しんだ演奏を、もう一度くり返し味わいたくなって、同じものを聴き直すという具合になるのである。

そんなわけで、このレコード、正直言って、何回も手間をかけ、ついさきほど、やっと聴き終わったところである。その手間をかけただけの甲斐があり、楽しかった。さきに彼の《平均律クラヴィーア曲集》の演奏について書いたことの大半が、ここにもあてはまる。そのうえ、ここでは、いつもフーガが出てくるわけではないけれど、いろんな性格の舞曲に由来する各楽章のあいだの弾きわけのおもしろさがつけ加わる。それに特に、最近は、バッハの場合、サラバンドのようにゆっくりした楽章で、装飾的変奏を加えられることのよくある部分では、いろいろな演奏家が、自分の考えで変奏をやることもみられるようになったが、シフの場合は〈たとえば、〈第一番〉のメヌエット〉それがある。サラバンドに限らず、そのうえに、彼は――グールドと同じように――ほかの楽章でも、小さいがすごく効果的な――あるいは簡単でごく何気なしにやったといった趣の修飾を加えて弾いている場合も、幾つかある。それが、音楽に新鮮な感じをさらにつけそえるうえで役立つ。若いくせに、この人はそういう点でも、如才がない。というと悪くとられる恐れがあるが、私のこういうのは、持って生まれた才気と音楽性の幸福な結びつきを感じさせられ、実にうまいなと思わせられるということを言いたいのである。

ただ、ひとつだけ気になったのは、こういう天分にあふれ、しかも美しい音にめぐまれた青年が、どちらかというと、弱音の領域にずっと傾いた演奏で、軽快に、楽しくやっているのを見聞きするのは、本当によいものだが、この傾向にあまり深入りするのはどうかしらという点だ。何も大きな音で、ごつごつした音楽をやるのが大切だというわけではないけれど、音楽には、たとえ、無器用、無骨とみえても、そういうふうに扱わないと、本当の奥底まで届かない「深さ」ということもあるわけだ。そうして、バッハの音楽こそ、その「深さ」を十分にもった音楽、いや、その深さから発した音楽ではなかろうか。

といって、シフがそういうものを見逃しているわけではないのは、《平均律》の第二巻の変ロ短調の曲のフーガの重厚複雑な味わいを十分に出していた演奏が明らかにしていた。だから、私のいうのは、杞憂というものかもしれない。いや、そうであることを心から望む。

それに《パルティータ》は、どちらかといえば、明るく軽快に弾いたほうがよい曲が多いのも事実だ。そういう曲を弾いても、シフはいつも「甘く」弾くとは限らない。たとえば〈第一番変ロ長調パルティータ〉が、そのよい例で、これは、六曲中いちばんよく知られ、特にリパッティの名演で、人気のある曲だが、あの演奏は、明るく、優美といってよい名演だった。それに比べると、シフのこの曲の演奏は、最初聴いたときは、意外な気がしたくらい、「甘ったるさ」を排除したものになっている。その逆に、〈第二番ハ短調〉は、どちらかというと「きつく鋭い」アクセントで出発する演奏が少なくない――たとえばアルゲリッチ――のだが、シフのはそういった鋭角性を強調するのとも、かなり違っている。むしろ、この曲など、シフは少し重くて暗い音色で弾いているといえよう。そのかわり、アルマンドやサラバンドは、私のいう軽い*p*や*pp*の領域の音楽になっている。私は前に「軽くて明るい」といったが、もちろん、この曲では軽くとも明るくはない。むしろ嫋々《じょうじょう》たる抒情の音楽である。すごくきれい。だが、うっかりすると表面を撫でてただけで終わってしまいそう。ここでのシフは、そうはならないけれど。

軽いタッチだが、薄っぺらにならないという点では、〈第三番〉のイ短調もそうだ。〈第四番〉のニ長調も、前半は重く、しっかりした足どりだが、後半はどちらかというと、柔らかくて、しかも軽いタッチが主となる。それはサラバンドにさえ見られる特徴である。しかし、終曲の一六分の九拍子のジーグなど新鮮で、歯切れのよい、見事な演奏である。

歯切れのよさは〈第五番ト長調〉のプレアンブルムにも、そのままあてはまる。それに、ここでは、幾つかのタッチの違いが、そのまま音楽に幾つかの音色の変化を与えている。また、第三楽章のコレンテで、第二部に移り、主調のト長調からちょっと離れ、ロ短調やホ短調に経過的によってゆく和音の流れに沿いながら、リズムを少し崩してゆく。このあたりの呼吸も、そのリズムのつくり方がそのまま旋律の歌わせ方になっているので、おもしろく聴ける。

《パルティータ》全六曲のなかで、シフがいちばん力を入れて弾いたのは、もしかしたら、〈第六番ホ短調〉かもしれない。最初のトッカータの慎重なテンポで始まる表現的な演奏にもすでに、その気配が濃くにじみ出ているが、さらにつぎのアレマンダにすぐ続いてゆくときの微妙な息遣い。そのあとも、これは数あるシフの弱音を主とした演奏のなかでも特筆すべき美しさと味わいの深さがある。コレンテもよい。止まることなく流れてゆく幻想性を湛えた名演。サラバンドは名曲なのに、ちょっと集中度に不足する憾《うら》みが残るが、つぎのテンポ・ディ・ガヴォットとジーグは、ことに後者は相当の難曲なのに、そういう気配をまったく感じさせない軽妙明晰そのものと呼んでさしつかえない名演奏が聴かれる。

# イタリア協奏曲

アルトゥーロ・ベネデッティ＝ミケランジェーリ（ピアノ）
CD〔テルデック　WPCS四〇七三〕

歴史の歩みを逆戻りさすのは、もちろん、不可能だ。いったん起こったことはなかったことにはできない。それは何も個々の出来事とかだけでなく、総合的な事態についても同じことである。

でも、私たちは過去を振り返って、あのときあのことが起こらなかったらとか、あれはこんなふうになっていたらとか考えてみることはできる。それに——これは少しこじつけめくけれど、私たちがCDを聴いてあれこれ書いたりおしゃべりしたりしているのも、すでにでき上がったものについて、時をさかのぼって、じっくり味わいながら、もし、ここがこうなっていたらとか、あるいは、どうしてここはこう鳴らされたり歌われたりしているのだろうかとか、いまさらとりかえしのつかないことについて、考えたり、感想をもったりすればこそできるのである。これがつまりは、CDを聴くという現在進行形でとらえられている出来事の実態でもある。そう考えると、CDを聴くとは、「歴史を二度生きる」といったことにもなるといってよかろう。

一九九三年、アルトゥーロ・ベネデッティ＝ミケランジェーリが久しぶりに日本に来た。あいにく、同じ時、私はちょうど何かの用があって、ヨーロッパに出かけていて聴けなかったので、帰国して、何かの折知人に会ったついでに聞いてみた。「ぼくは留守をしていて聴けなかったけれど、ミケランジェーリは予告通り演奏したの？演奏はどうだった？」と。そうしたら、その人の返事は、「それはラッキーでした」というものだった。「ミケランジェーリはたしかに予告した通り、シューマンの協奏曲を弾きました。でも、それは、かつてのあの人だったら、自分は弾く状態にないから、といってキャンセルしたに違いないような演奏でした。あなたがあれを聴いたら、どんなに失望したことか。聴けないで幸せでしたよ」

この何年か、十何年か、ミケランジェーリは、たとえ日本まで来ても、弾かずに帰ることが多かった。それが、今度は、約束通り弾いた。でも、かつての彼だったら、考えられないような演奏だった。こういう話を聞いて、私は何にも言えなかった。

そのミケランジェーリが、一九四二年と四三年にテレフンケン・レコードのために演奏したものの録音を、ＳＰからＣＤにリメイクしたという盤が出た。

四二年から四三年にかけてといえば、彼が二三か四のときの演奏である。そうして、この盤についている浅里公三さんの解説によると、これは同時にSPで発売されるため録音されたという話だ。

そのころはイタリアも戦争をしていたはずだ。そんな中で、よくまあ、この若いピアニストのレコードがテレフンケンから出たものである。浅里さんのノートをもう一度拝借すると、このレコードの録音をすませたあと「反ファシストだったミケランジェーリはドイツ軍の捕虜収容所に送られたが、脱走してパルチザンに参加してイタリア解放まで戦った。しかし、戦争で心身ともに痛手を受けた彼は、戦後一時はアルコール中毒になり、その上重い肺の病気のため演奏活動も中断を余儀無くされ、完全に再起できたのは一九五五年になってからだ」そうだ。

私は、これを読むまで、そんなことはちっとも知らなかったし、考えてみたこともなかった。

ミケランジェーリが一九三九年ジュネーヴの国際コンクールで優勝したのと同じ年の九月、第二次大戦が始まるとともに、その年から四四年までイタリア空軍のパイロットとして従軍して中尉に昇進したという話は、いつかどこかで読んだか、彼自身からじかに聞いたことがあるような気はするが、アルコール中毒になったとか何とかいう話は知らなかった。

それでどうしたというのか？　こういう一切が彼の演奏に何らかの意味で影響を与

えたのかどうか？　それが考えてみるに値しないとまではいわない。けれども、この一切はずいぶん昔のことだし、どうやって、確かめられるのだろう。また、影響があったとして、それをどのくらい正確につきとめ、病気と演奏との相関関係を計量化できるか？

私が、このCDを聴いて最初に思ったのは、そういうことではない。何年に聴いたかは別としても——ミケランジェーリについて何の予備知識もないままに、四〇年代の初めの時点でこのレコードを初めて耳にしたとしたら、自分はどう聴いただろうか？ということであり、そう考えると、ほとんど同時に、どんなに自分はこれに感動したろうか！と思った。そのときは、きっと、どこに行くにもこのレコードをもっていって「これまで知っていた、どんな人とも違う、不思議なピアニストを発見した。ぜひ、聴いてみてほしい」といってみんなに聴かせて歩いたかもしれない。

思い出すが、その昔、高校生のころ、フーベルマンの《クロイツェル・ソナタ》のレコードを聴いて、感激して、持って回ったことがある。それから、もっとずっとあと、グレン・グールドで《ゴルトベルク変奏曲》を初めて聴いて、とび上がるほどびっくりした。

このミケランジェーリのCDは、SPからリメイクしたためかどうか、音が小さく弱く、また少し固くて余韻に乏しく、そのため遠いところから聴こえてくるような趣がある。

それと同時に、このCDの音は澄みきっているというか、独特の音がしている。全盛期（それはいつ？）のミケランジェーリでなじみの、あの少し肉の薄い$f$の響きをはじめ、全体としてペダルの少ない響きを即座に思い出させるものがここにある。その上、二三歳か四歳というのに、この人は、すでに自分が弾いている曲の中にのめりこまないで、一歩退いて、自分の演奏を仔細に観察し、厳格に判断しながら弾いているのに気づく。また、これは油絵というより、フレスコ画を見るような音色の演奏であり、パトスの安売りがない。

J・S・バッハの《イタリア協奏曲》はまさにそういう演奏で、澄みきった音の流れが、この上なく清らかな人間の歩みを彷彿とさす。このごろ、さかんにスヴャトスラフ・リヒテルの昔の演奏をCD化したものが出る。その大半が溜め息が出るほどすばらしい演奏で、最近も、この演奏のあれこれを少しずつ聴いて、どんなに救われたかしれない。その中に《イタリア協奏曲》も入っている。ミケランジェーリを聴いたあと、思いついて、かけてみたら、この二十世紀の巨匠の演奏には、部分的にではあるが、びっくりするようなパトスがみなぎり、音が大きくふくらんでくることが時々あるのに、いまさらながら衝撃を受けた（リヒテルには、時々、この種の様式無視的な傾きがみえる）。

逆に初めて聴いた若いミケランジェーリの演奏の清らかさが、清冽な水のように、私の耳から心、全身全霊にしみてくるような心地がする。彼は楽段の区切りで終止形を弾くたびに、その都度、目立ってテンポをゆるめる。そこには少しばかり「律義な青年」とでも呼びたいような、未成熟の感じがあり、何となくほほえましくなるとはいえ、実はこれはとびきり上等の演奏とはいえないだろう。

CDでは、最後にショパンの二曲が入っている。《子守歌》と《マズルカ》（作品三三の四）だが、《子守歌》のほうは、あんまり音が薄くて、演奏全体も影が薄い。ミケランジェーリには、ずっとあとになってからグラモフォンで出したショパン集のCDに、一〇曲以上《マズルカ》を入れたのがある。私は、聴くたびに、その洗練された趣に打たれ、ルネサンスの当時もそうだったに違いないように、イタリアが現代でも世界のファッションのトップにいるだけの創造性を失わないのは、この演奏を聴いただけでもわかるよ、と言いたくなる。「マズルカは、土くさいもの」などというのは、半可通の言うことにきまっている。ショパンはごく若い時と、パリに行ってからと、《マズルカ》を二回にわたり集中的に書いているけれど、パリに行ってからのそれの中には、日本最高の生け花に比べてもおかしくないような洗練と優雅を兼ね備えた芸術作品がある。

とにかく、彼の弾く《マズルカ》に匹敵する何かが聴かれるのはホロヴィッツだけだ。あの人のは「おしゃれ」だった。これに比べれば、ルービンシュタインでもサンソン・フランソワでも平板平凡で、日常的にしか聴こえない。しかし、ホロヴィッツとミケランジェーリにはとらえどころのない憂愁と、まったく気紛れというほかないような躍動とが、何の中間物もなしに隣りあわせに同居していて、この二人の弾く《マズルカ》は不思議な生きものみたいな音楽になっている。

　戦争中はおろか、そのずっとあと、五〇年代になってからでも、この《マズルカ》を聴いて、果たして私にわかったかどうか、自信がもてない。だが、今、さっき書いたように影のように肉の薄い音で聴こえてくるこのCDで、はたちを出たばかりのミケランジェーリを聴いていると、私は、この人が、歳月の流れの中でやっていたことは、ただ、何かのために、心身をすりへらすだけのことでしかなかったのか？　と、誰かに聞いてみたい気になる。

　じゃ、何のために？　少なくとも、この青年にとってあと何十年も生きるというのは、毎日ピアノを弾いているうちに、だんだん成熟し、大成し、円熟し、などといった話ではないにきまっている。彼は、自分でも知らないまま、だんだん、何か穴のようなものの中に吸い込まれていくという生涯を送ったわけだろうか？

　バッハとショパンと、このすばらしい組み合わせの中間に、スカルラッティのソナタが二曲ある。K九六のニ長調とK二七のロ短調である。両方ともすばらしい。ことに口短調が際立っている。私はこの曲をこんなに速く弾く人を、ほかに知らないけれど、名人の目にとまらぬ早業で、弾かれていながら、いたるところに、心のゆとりと詩情が感じられるのである。ニ長調を聴いたとき、即座に思ったのだが、これはやっぱりイタリア音楽であり、ミケランジェーリは、ここでは、本当に、自分の生まれ、育ち、そのために戦い、傷ついた文化のある「母の国」にいて、のびのびと手足を伸ばし、楽々と呼吸していて、それをはっきり伝えているのがこの演奏だということになる。

この人が、もう二度と聴けないような状態だなどというのは本当だろうか。巷間、ミケランジェーリの早い凋落ぶりは、すでに全盛期の演奏を聴いても、わかる人にはわかっていたのだという人がいるそうだ。だから、若い時からいけないというのは、たとえばボードレールが早発性痴呆症（？）になったのを理由に、『悪の華』の偉大な成果を認めないに似たような話である。ただ、ミケランジェーリの演奏には翳がある。それがこの一九四二、三年の演奏にも出ているという人があっても、私は反対しないだろう。第一曲のグリーグの《愛の詩》（なぜ、こういう訳が出てくるのだろう？原題はドイツ訳では Erotik だというのに）のような、ほかの曲とまったく違う音楽が、どうしてポツンととり上げられたのか、よくわからない。

▼追記　ミケランジェーリは一九九五年六月に亡くなった。

# 構造と旋律のあいだで
## ——ミルシテインの《無伴奏ヴァイオリン・パルティータ第二番》

先日広告を眺めていたら、「ホロヴィッツの芸術」というシリーズのレコードについて、買った人には景品として「幻の名盤、ホロヴィッツとミルシテインの弾いたブラームスの《ヴァイオリン・ソナタ第三番》」を進呈すると書いてあった。

幻の名盤というのはどういうことか、そのレコードなら、私もかつて持っていた。そうして好んでくり返し聴いたものだ。懐かしかったので、レコード会社に依頼したら、レコードはまだできていないとのことで、テープを送ってきた。

このレコード、私は一九五三年から四年にかけて米国に行ったとき、買った。だから古い盤である。今度はこれについて書くつもりだった。しかし、それにあわせて、ホロヴィッツはともかく、ミルシテインについてはどういうわけか、日本では不当に低く評価されていてあまり話題に上らないのを考え、これを機会に勉強し直してみようと、ほかにも彼のレコードを聴いてみることにした。ところがそれが案外むずかしい。カタログにあるのでさえおいそれとは集まらない。驚いたものである。

1

ミルシテインは、私は、米国で一度聴いただけである。それもオーマンディ指揮のフィラデルフィア管弦楽団の演奏会でチャイコフスキーの協奏曲を独奏したときだけである。知らない音楽家を、独奏会ならともかく、協奏曲一曲で判断するのはむずかしい。まして、十何年もあとで、それを思い出すのは、恐ろしくむずかしい。でも、私はあのときは感心したわけだが、一体、何と書いたのかしらと考えて、旧著『音楽紀行』をひっくりかえしてみた。「ミルシテインは実にすばらしい技術で、あるときは弾きまくり、あるときは綿々とねばねばと歌う。僕は少し辟易したけれど、チャイコフスキーを初めから終わりまで放心せず、居眠りせず聴いたのは、このときが初めてである。とても眠っていられないのである。どんどんひきずってゆかれる。大変な力であり、またこの曲はこのくらいにして弾いてくれなくては、結局中途半端なものになってしまうだろうと、納得した」云々と書いてある。

こうして読み返してみると、実に呑気な聴き方をしていたものだと思うのだが、私にしてみれば一所懸命だったのである。当時の私には――文章は今でも下手だが――

いくら熱心に聴いても、もっと正確に聴きとる、その力がなかった。だから、こんな大雑把な書き方にしかならないのである。いや、私はあのとき、あることを考えていたはずなのにそのことが書けてない。だめなものである。

というのは、当時（米国の）大方のファンの間でも、ミルシテインは、技術的にはすばらしく、世界のトップ・クラスにあり、ハイフェッツ――このころやや人気が衰えかけていたが――と比べるしかないような名人には違いないが、しかし、彼の演奏を聴くと、どうもboisterous（「荒々しい」というか「騒々しい」というか）で困るということになっていた。テンポは一体に速すぎ、そのために落ち着きがなくなるという事情もあったが、それ以外にも「騒々しく」、潤いや精神性もたりないし、詩とチャームに欠けるという評判だった。だから、一方ではすごいとか、逞しいとかいう声もある反面、気品がないとか「やっぱり一流じゃない」とかいう声が強かった。ハイフェッツのあの心憎いばかりの冷静と完璧もなければ、エルマンの熱っぽさもなく、フランチェスカッティのやや浅薄で浮気な典雅さも、メニューインの素直で人間的な暖かみもない。要するにナイナイづくしなのだ。

だが、実演を聴いてみて、私は、そうとばかりもいえないと思ったのである。あのとき「あるときは弾きまくり、あるときは綿々とねばねばと歌う」などと書いたのは、評判に対するある抵抗もあってのことなのだが、これではまるで不正確である。私はこう書くべきだった。「音はむしろ名人としては小さい。だが強音と弱音の違い、対比が目立って大きく、普通のヴァイオリニストのダイナミックの段階づけに比べて、彼のはそれを一段おきに飛びこしてゆくくらいの幅で、変わってゆく。それが、表情の変化にも、当然、影響を及ぼす」と。たしかに速めにすぎる部分もあったが、逆の部分だってあったのであり、騒々しいと聴こえるのは、むしろダイナミックの変化が大幅で目立ちすぎるということと、その強弱のお互いの間でのバランスが悪いからで、もう少し均衡がとれてさえいたら、全体としてははるかに調和のあるものになるはずだった。テナーにたとえれば、彼はヴァーグナーの楽劇に出てくるヘルデン・テノールのタイプであって、オイストラフその他の抒情的テノールとは別のカテゴリーに属する。

と、今の私は考えている。これは、当時の印象を、十数年おいて思い出しながら書いているわけだが、そう思い出させるのも、もちろん最近ミルシテインを何枚か改めて聴き直し、勉強し直したという事情があればこそである。今日が昨日を訂正しているのかもしれない。

## 2

だが、これには、ミルシテイン自身にも、変化があり、それがまた、私の過去を考え直すのを助けているという事情も加わっているに違いない。当時の評判がまったく的外れだったわけでもなく、彼には「騒々しい」ものが、たしかにあったのだ。ただレコードで聴きつづけてみると、この欠点は今日では過去のものとなっており、いまだに彼の演奏がそう聴こえるとすれば、それは先入観の仕業だといってもよいくらいである。この変化がいつ起こったか？　それをたどるには、私には資料が欠けている。手許に集まったレコードは少なすぎ、しかも、集まったものには演奏と録音の日付がまったくない。

だが、一つのことは確実である。私が再び手に入れたホロヴィッツと合奏したブラームスのソナタでのミルシテインと、バッハの《無伴奏パルティータ》のレコードで聴く彼との間には、歴然たる変化がある。ブラームスのレコードは、それ自体として大変おもしろい演奏だし、特にホロヴィッツないしはミルシテインを知るうえで欠くべからざる重要な記録でもある。けれども、今日のミルシテインはこれからみると、ずいぶん違っている。

彼にはまた、グラズーノフとドヴォルジャークの協奏曲を取り合わせた一枚がある。これはラファエル・フリューベック・デ・ブルゴスがニュー・フィルハーモニア管弦楽団を指揮して協奏したものだ。これとバッハのレコードと、どちらが早い録音か、私は知らない。ただ演奏からいうと、この協奏曲のは奇妙な観を呈し、ブラームスとバッハのレコードの中間においてもよいように考えられる。というのも、このレコードで聴くドヴォルジャークは、ミルシテインが曲の性格をとりちがえたのではないかと思われるほど、場違いの演奏をしているのである。ここには素朴で柔らかな抒情も、自然の感情に満ちた率直さもない。ドルチェの主題もさっぱりよくないし、終楽章の〈ドゥムカ〉の性格も無視されている。音は良いし、技術的にはどんな難所もらくらくと弾かれていて爽快だけれども、ドヴォルジャークを聴いた気はしない。ところがもう一方のグラズーノフは、大変な名演である。このレコードで聴くと、まるでこの曲が古今の名協奏曲の列に入ってもおかしくないのではないかと、錯覚してしまうくらいである。これほどの演奏は、ハイフェッツにも、オイストラフにも求められないのではないか。もっとも、ミルシテインは、かつて作曲者自身の指揮でこの曲を独奏しているのだから、この曲の解釈にかけては特に「正統的」な演奏をするのかもしれない。こういうのも、あまりに平面的な幼稚な考え方でしかないが、ともかく、この曲の演奏はすばらしい。

3

ミルシテインは周知のように一九〇四年ロシアでもヴァイオリンの名手が輩出したクリミヤのオデッサの出身である。ヴァイオリンは初めストリアルスキーに学び、そのあと、ハイフェッツやエルマンらの師匠として有名なレオポルト・アウアーにつき、最後にはイザイにもついている。一般にはアウアー門下の秀才の一人に数えられているわけだが、ハイフェッツらとはかなり違うのではないか。これはかねがね、私の思っていたところである。が、先年読んだ本で、その裏付けを得た（Hartnack, *Große Geiger unserer Zeit*）。

ミルシテインをハイフェッツ、エルマン（この二人だってずいぶん違うのに）と同じ列に入れ、アウアー系統のヴァイオリニストと見るのが、そもそも偏見である。このヴァイオリンの名手を作ったのは、彼自身であって、先生ではない。

ミルシテインという人は、ボーイングに特徴がある。「彼は一体に弓をほかの人よりはるかに軽く持ち、弓に圧力を加えるときも、人差指のつけ根のところだけでなく、隣の中指のそれも合わせた力で行なう。それに彼は小指をけっして弓から浮かさず、したがって、いつも小指の働きで弓の重みのバランスを調節することができる。また彼の用弓のしなやかさというものはちょっと類のないもので、弓の上げ下げで、この人ほど音に切れ目を感じさせない人はほかにない。アップとダウンが、音を作って流れるのである。これだけでも大変な名人である」（ハルトナック、前掲書）。この本からは私はこれまでも多くを学んだし、この場合もかつて一度聴いただけの私には、とてもここまでわからなかった。彼の音が比較的小さく、アウアー門下のほかの大家と違うのはこのためかもしれないし、強弱の変化（の段階）が幅広いのも、これと無関係ではないかもしれない。それにアップとダウンで音がまったくとぎれず、文字通り一本の流れとして音が持続するのは、バッハの無伴奏曲レコードのどこを聴いてもわかる。だが、彼の音に暖かみが乏しいというのは間違いである。ミルシテインには暖かみは十分ある。グラズーノフの協奏曲はもちろん、チャイコフスキー、ブラームスといった協奏曲を聴いてみると、この人が保守的でロマンティックな音楽に土台をおいた音楽性の持ち主であることがよくわかる。

ただ彼の音楽性というのは、外からみると、非常に個性的で独自なものである。それを理解する鍵がつかめさえすれば、専門家やヴァイオリンに特に詳しい評論家の中に、ミルシテインを今日のトップ・クラスのヴァイオリニストというだけでなく、この楽器にかけて最高の名手ということを言うとすれば、それはおそらく彼を指すことになろうという考え方をするものが少なくないのも、わかってくるのである。

ミルシテインには、あのティボーやクライスラーのように、ステージに登場する姿を見ただけでも聴衆を魅了し説得する力をもっていたあの優雅な身のこなしと余裕たっぷりの優しい誇りと自信といったものはない。またハイフェッツの冷たくとぎすまされた審美主義者の風貌もない。オイストラフのゆったりしてやや鄙びた親しみ深さもない。しかし、ミルシテインには、あらゆる種類の気どりや押しつけがましさと同じように安価なチャームの発散をも拒絶する、率直で断固とした安定性がある。これを貴族趣味といったら間違いかもしれないが、少なくとも、この芸術家は精神の貴族の列に数え入れることは許されよう。

4

ミルシテインが革命直後のソ連で新人として演奏旅行していたとき、パートナーに選ばれたのがホロヴィッツである。ホロヴィッツは少し年下だが、このほうが一足早くソ連を出て、ヨーロッパからアメリカに渡り、結局そこに落ちついた。これは周知の通り。ミルシテインのほうは、一九二五年に出国、ヨーロッパで数年を過ごしたあと、一九二九年に米国にデビューしたわけである。これだけでも、彼は一歩たち遅れた。というのも、このころの米国こそ、ハイフェッツ、エルマンを先頭に、そこにクライスラー、フーベルマンが加わり、ブッシュとシゲティがさかんに客演しては大成功を収め、さらに神童メニューインの出現というヴァイオリンの巨匠、名手の未曾有の花盛りの時に当たるわけだから、ミルシテインのデビューは成功ではあったが、今あげた人びとの華々しい、世界的規模での評価に直結するようなものからは大きな隔たりがあったらしい。このデビュー当時の不運は彼の評価について、あとあとまで、大きな痕跡を残していた。

それが、五〇年代から六〇年代と移り、かつての大家たちがつぎつぎと死んだり、衰えたりするにつれ、ミルシテインは単に名声が高まるだけでなく、演奏自身もますますすばらしくなってきたのである。

ホロヴィッツとミルシテインの合奏したブラームスは、古い友情のきずなの証しであると同時に、五〇年代初めのミルシテインがどういう演奏家であったかを知る記念碑となる。しかし、これとバッハを聴き比べてみると、違いは大きい。

ここでは六曲のうち、例の〈シャコンヌ〉を含む《二短調パルティータ》をとりあげたが（一九五六年の録音、ＣＤは［ＥＭＩ　ＴＯＣＥ三四三四］）、このあらゆるヴァイオリン曲中の最大の難曲にはもちろん、いろいろな弾き方がある。ミルシテインのは技術の点ではハイフェッツと比べても優るとも劣らない非常に高い水準をいくものだが、そのうえにここにはほかの誰とも区別するものがある。これはハイフェッツのやたらヴィブラートやポルタメントをかけた、いわば超絶的ジプシー音楽にした行き方でもなければ、さりとて、シゲティのあの厳しい精神性のうえに築きあげたものでもなく、また故意に古風に組曲的な枠に納めたものでもない。これは構造と旋律的ヴァイオリン的魅力との間のちょうど釣合のとれた場所にいる演奏なのである。ポリフォニックな構造、線の流れと一貫性と交錯も実によくわかると同時に、旋律的和声的実体も美しく充実した音の自然な動きとして奏でられている。あたり前なことのようであって、実はむずかしい、おそらく最もむずかしいアプローチではなかろうか。

これよりもっと知的な解釈、もっと烈しい表現性、あるいはもっと陶酔的な魔力をもった演奏は、もちろん想像されるわけだが、これほど音楽的に自然で無理のないところで、しかも非常に高い水準での技術を遺憾なく開陳しきって行なわれた演奏は、ほかにないのではないか？

〈シャコンヌ〉が複雑すぎ、したがって問題が多すぎると考える人があるのなら、その前の楽章、たとえば〈ジーグ〉をとってみてもよい。これはどういうこともない、〈シャコンヌ〉の前奏のような役をもつ。しかし、ミルシテインの演奏は、音程は正しくフレージングには曖昧なところは一つもなく、線の動きは自然で、正確を極めている。要するに、ごく清潔に無理なく弾いているようにしか聴こえないのに、無類の躍動をもった驚くべき音楽として聴こえてくるのは、ひとえに、今日のミルシテインが「騒々しいヴァイオリニスト」でも、「曲びき専門の品のない芸人」でもなくて、卓越した技術に正しく音楽的なテンペラントを併せもった大家だからではないか。

私は今度彼を聴き直しつくづく思った。私も含め今日の聴衆が「ヴァイオリニストがいない」と嘆いているのは、こういう大家を正しく聴き評価しそこなっているのと無関係ではなかろう。自分の目にゴミが入っていたら、目の前にあるものだって見えない。

# 無伴奏ヴァイオリンのためのソナタとパルティータ

シュロモ・ミンツ（ヴァイオリン）
CD［グラモフォン　UCCG九一〇八～九］

三月（一九八五年）の末か四月の始めか、日曜日の朝、NHKのTVのスイッチを入れたら、ヴァイオリンを弾いている青年の姿が見えた。ベートーヴェンの《スプリング・ソナタ》を弾いていた。だが、それがベートーヴェンの曲と思えないほど、柔らかく自然に流れる音楽になっているのである。ほかに仕事があったので、途中から聴き出したその放送を終わりまで聴くことができなかったが、このときの音楽、その演奏の仕方に強い印象を受けた。いや、「強い」というよりも、本当に快い、忘れがたい印象を受けたというほうが当たっている。

ピアノを弾いていた音楽家の名は忘れてしまったが、ヴァイオリニストはシュロモ・ミンツである。レコードのカヴァーや何かで見覚えた顔なので、わかったのだ。これは、彼が日本に公演に来たときの演奏会の実況録画録音にきまっている。彼はいつ来たのだろうか。私はその演奏会に行かなかった。

残念なことをしたものである。こういう人こそ、聴いておかなければならなかったのに！

私は、ヴァイオリンの技術はよく知らないのだが、そのとき見たミンツの演奏の中で、この音楽の流れの自然なのと同じくらい、私の注意をひいたのは、彼の弓の使い方がいかにも楽々とした動きを通じて実にいろいろな種類の音質の音をつくり出していることだった。

この見るからに白面の青年という感じを与えるヴァイオリンの名手のボーイングを見ていると、ほとんど無雑作と言ってもいいくらい巧みに――というか、巧まずして、というか――レガートからノン・レガート、スタッカートそのほかの音が出せるだけでない。そのレガートにしても、軽く明るい音から重く暗い音、さらっとした音、粘った音、そのほか言葉ではつくせないようなさまざまの種類の音として生まれてくるのである。

もし、これが、新聞の批評で、以上のことを、できるだけ手短かに――そのため、抽象的に――言い表さなければならないとしたら、私は多分、「音質の無限の変化の可能性を秘めた驚くべき用弓法を身につけた人」とか何とか書いたことだろう。

それにもう一つ、私が観察できたことでいうと、そのボーイングが、単に音色や音質の多様性という点でびっくりさすだけでなく、音楽の論理を表現する上で不可欠のフレーズの節目節目を聴くものにはっきり伝えるのに、役立つよう使われている点だった。

ヴァイオリンのことは、どうも、うまく言えなくて、自分ながらもどかしいのだが、私の言いたいのは、この人の場合、「ボーイングと音楽のフレーズとの間に、きっちりした論理的関連がある」という点である。ヴァイオリンに限らず、弦楽器の奏者を聴いていると、名人といわれるような人の場合でさえ、どうしてこういうスラーのつけ方になるのか、よくわからない弾き方をしているのに、ぶつかることがある。言ってみれば、ヴァイオリンを弾くという生理と、音楽のテクスチュアとが、しっくり噛みあっていないような演奏があるのである。

ミンツにそういうことがまったくないのかどうか、そこまでは、私の聴いた（見た）経験だけでは、まだ、はっきり断言しかねる。しかし、私の聴いた短い――といっても、《スプリング・ソナタ》のほぼ全部を聴いたのだ――時間でいうと、この両者がぴったり一致しているのが、すごく印象的だったのである。

彼の演奏が「音楽に無理がない。楽々と自然に流れる」という印象を与えたのは、今言った曲の論理と演奏の生理との間に矛盾とか不一致がないからではないだろうか。

それから、書いているうちに思い出した。ＴＶだから、どこまで忠実かわからないわけだが、彼の音の大きさ、つまり音量はどんなだったのか。というのも、TV、で見ている限り、特に音を大きくしようと努力しているようには思われなかったからである。

周知のように、ヴァイオリンの音の大小は、ボーイングの際の弦に与える圧力の大きさ、それから弦を押さえる左手の指の操作、ないしヴィブラートのつくり方と密接に関係しているわけだろう。そうして、今世紀に入ってからの名手たちの一つの特徴は、彼らの音がそれ以前の人たちの音に比べて、より豊潤になった（美しく透き通り、しかもたっぷりと鳴らされる）ことにある。

簡単にいって、大きく鳴り、たっぷり響くようになったといっていいだろう。弦がガットから金属に変わったのも、そのためだ。十九世紀の大先生アウアー門下の名手たちをはじめ、その後のオイストラフ、スターン……戦後のヴァイオリン界を代表する名人たちはみんなそうだといってよかろうし、そのあとから出てきて、彼らに見出されたズッカーマン、パールマンもそうだ。アンネ・ゾフィー・ムターも、その中に入れていいだろう。

クレーメルだけは、例外というわけではないが、「音が大きく美しい」というのが特徴といっていいかどうか、私は決めかねる。

もちろん、クレーメルは世界のヴァイオリン界を通じ、現在、最も興味のある音楽家に違いないが。

こんなことを言うのも、ミンツを聴いて（見て）いると、彼が音を大きくするのにことさらに気をつかっているようにも、あまり、思えなかったからである。これも、私の第一印象の「楽々と、自然な弾き方」というのと関連があるのだろう。非常によく走ったり、よく歌ったりしているけれど、その上に、それらの音を大きくしようという努力がつけ加えられているようには見受けられなかったのである。

そのために、もしかしたら、言葉でいうと「劇的に」とか、あるいは、こってりとねちっこくとかいうふうに呼べるような、起伏の大きな、そうしてたっぷりと情緒のこもった演奏には、なりにくいのではないか、という気もする。

だが、それは、平べったい、音楽の表面だけを軽くこすって流れてゆく演奏ということにはならない。むしろ、その逆だ。

ベートーヴェンのソナタは、いかにもベートーヴェンらしいダイナミズムをもって演奏されていた。ただ、それが一面的な誇張がなくて、堅実誠実なやり方で出てくるのだ。あのソナタのスケルツォの中間楽章で、音階をかけ上がってゆく速いパッセージをノン・レガートで弾くときなど、一つ一つの音が手にとるように鮮明で楽々と伸びてゆく。それは実にすっきりしていて、快い躍動感で走る音楽になっていた。第一楽章や終楽章では、前述のさまざまの音質の音楽が交代しながら、変化に富んだ、しかもその中を一本の芯がしっかり通った、若々しいベートーヴェンを目の前に見るような演奏になっているのだった。

こんな具合に、ベートーヴェンの若いころの古典的名作に生き生きと新鮮な衣裳を着せて、聴かせてもらいながら、私は喜びと、それから、せっかくのチャンスをむざむざ逃し、実演に行かなかったことを悔む気持と、その両方を味わったのだった。

こういう次第で、私はたまたまTVでの経験がなかったら、ミンツのすばらしさに気がつくのが、もっと遅れただろう。

私は、手許にあるレコードの中から、彼の弾いたパガニーニの《奇想曲集》をとり出し、改めて聴き直し、こんな名演があったのに、そのときすぐわからなかったのは、やっぱり、私にとってヴァイオリンは、残念ながら、むずかしいところがあるのを、改めて確認したりした。

それから、少しして、ミンツの入れたバッハの《無伴奏ヴァイオリンのためのソナタとパルティータ》全六曲のCDが届いた（一九八三、四年の録音。CD［グラモフォン　UCCG九一〇八～九］）。

実に良いタイミングだった。いつものくせと逆に、届いてから、かなり早い機会に、一曲また一曲と、聴いていった。ここでもTVの見聞が、非常な助けになったのは、ことわるまでもあるまい。

と同時に、ベートーヴェンのソナタのときにはそれほど強く感じなかった面にも、新しく目が開かれたものも、いくつかあった。

その一つは、リズムの正確さだ。これは決して無機的算術的な意味でのきっちりした正確さというのとはちょっと違って、必要とあれば、ルバートだってしているのだが、しかし、根本的にいって、アウフタクト、強拍、弱拍、カデンツ（終止）といった根本的な点で、一つ一つが実にきっちり守られている。だから、楽譜を前にしてなくとも、聴いているだけで、少し気をつけると、何小節の楽句かということがわかってくるくらい。それもパルティータの大部分の舞曲に根をおいた楽章だけでなく、ソナタのほうも、たいていは、数をとってゆける（私は何も全部、そうやって聴いたわけではないのだけれど）。そうして、そのときでも、強拍できっちり終わる終止や、小節の途中、弱拍で終わる、いわゆる女性終止の感じまで、伝わってくることもよくあるのである。

それでいて、音楽がちっとも堅苦しく聴こえない。いわゆるバロック音楽としての構造性の土台はしっかり守られ、いかにも古典音楽としての風格が保持された演奏という感じは伝わってくるのだが、堅苦しくはないのだ。

それは、〈第五曲ハ長調〉のソナタのあの壮大で複雑なフーガの場合でさえ、あてはまる。これを聴いていると、かつての名手――たとえばシゲティが、このフーガの厳正さを表現するために、どんなに苦闘していたかを思い出さないわけにいかなくなる。

だが、このことと切り離せないものとして、いわば貨幣の裏と表のような形で、一緒に聴こえてくるのは、何というか——一種の「精神性」の感触である。

この点は、どう書いたらいいのか、私も、よくわからない。

しかし、今言った壮大なフーガをもつ〈第五曲〉（つまり《第三番ソナタ》、ハ長調）の第一楽章のアダージョを例にとれば、この曲の演奏は「美しい」というより、むしろほとんど神秘的なものの息吹きが感じられるような「静かな奥深さ」がある。これも、ポリフォニックなテクスチュアをもち、底音の上に単声で始まったものにだんだん新しい声部が加わってきて、四声になる。そこでちょっと息抜きというか、楽なパッセージがはさまれたあと、もう一度前と同じようなことが——今度は前より5度上のト長調で——始められ、前と同じような経過をたどって、終止に到達して、つぎの楽章のフーガに導いてゆく任務を果たすといった構造となっているのだが、この後半での二度目の高まりへの過程と、クライマックスに達したあとでの終止とフーガへの準備の音楽を聴いていると、その静けさと、静けさの中での緊張感の高まり、持続、解決といった歩みで進む演奏家の内面に、私は、ほとんど畏敬と呼びたいようなものの存在を感じとらずにいられないのである。

それは、ある意味では、この上なく単純な音楽の推移であり、ミンツの演奏も、平静といえば平静、少なくとも押しつけがましい点はまったくない。だが、これを平静に弾くという、その姿勢はものすごい緊張の持続の裏づけがなければ、持続できないのではなかろうか。

これを聴いていると、ほかの誰よりもバルトークを思い出してしまう。そのくらい、あのハンガリーの音楽家は精神的な人間だった。若いミンツは、まさか、バルトークの高みまで、きている人ではあるまい。しかし……

# マイスキーのチェロ

クレーメルについで、また一人ソ連から非常に興味深い演奏家が出現した。こんどのはミッシャ・マイスキーといい、チェリストである。私は、何年か前レコードで聴いて強い関心をそそられた。特にアルゲリッチのピアノでシューベルトの《アルペジオーネ・ソナタ》にはびっくりした。音の一言一句が深呼吸してるみたいにゆっくりと進む出だし以後、心か身体のどこかに傷があって、それをかばいながら、歩いたり立ちどまったりするなかで、時々深い嘆息のような歌が始まるといった具合の演奏なのだ。

そのため、せっかくアレグロ・モデラート、アダージョ、アレグレットと三つに書きわけられた楽章たちは、お互いだんだん接近してきて、区別しにくくなる。その点ではちょっと具合が悪いけれど、曲の魂は強く、濃く、聴き手に伝わってくる。それはいかにも「私は悲しくない音楽なんて一つも知らない」というシューベルトの言葉を思い出させずにおかないのだが、だからといって何も悲しそうに弾いてるのではない。むしろ、「それでも生きててよかった」としみじみ感じさすのである。

これは明らかにアルゲリッチのとったテンポと表情でなく、私にとって未知同然の演奏家の望んだものだ、と推測され、その人の来演を待ち望んできた。

そのマイスキーが五月に来て演奏会を開いたのに、私は都合で聴けなかった。何たる痛恨事！と思っていたら、先日ＮＨＫのＴＶで演奏会の実況が放映されたので、やっと見ることができた。

このごろの私は、音楽について書くのにＴＶやヴィデオにたよるのが多くなった。もちろん私は今でもできたら実演で聴きたい。だが、たとえＴＶを通じてだろうと、見ながら聴くと、レコードではわからないものにぶつかる。マイスキーの場合も、このチェリストと彼の楽器との間にあるエロティックな吸引力の存在など、ＴＶで見て、初めて気づいた。

しかも、最初に出てきたバッハの《無伴奏チェロ組曲第三番》の演奏で、気がついたのだ。

改めていうまでもない。バッハの《無伴奏チェロ組曲》はこの楽器のために書かれた最高の作品である。技巧的にも至難の曲だが、音楽的精神的内容の点で、バッハ以外の誰一人、この楽器に託そうと考えたこともないほどの高いものがある。マイスキーを聴いていても、それはようくわかる。だが同時に、彼の演奏には、音楽の「大地性」とでもいうか、楽曲と演奏家と楽器の三つを貫通している現実的で肉体的なものがほとんどむき出しの状態で露わになってくるのである。三者はその間にほとんど隙間のないくらいピッタリ密着していて、そこから何ともいえない親密でエロティックなものが、こちらに向かって放射されてくる。

バッハのあの同じリズムのパターンを数えきれないほどくり返しながら流れる音楽には、大地の呼吸、自然の息遣い、遠い昔から今に至るまでとぎれることなく続いてきた交代と持続のリズムが反映されているのだが、バッハは、それを無作為の自然の形で投げ出さず、人間化、精神化して、整然たる秩序の下に、聴き手に差し出す。普通私たちの聴くバッハでは、それが音の正面をつくっている。

ところがマイスキーでは、そのリズムは必ずしも整然とは刻まれない。むしろ秩序の網の目からこぼれた音まですくいとって、私たちに見せるような場合でさえ、ひんぱんに起こる。それに、この人はチェロとは思われないような特異な音色をもった響きをつくり出せるらしく、その音でもって、すごく官能的で、聴くものをしびれさすような訴えかけをする力さえある。これは非常に進んだ近代的奏法といってもいいのかもしれないが、私にはむしろ逆に、曲の生まれた根源、いや音楽を生みだす根源まで遡っていこうとするロマンティックな衝動が生きている演奏というふうに見える。

これはチェロという楽器の特性とも関係するのだろう。いつかTVで女性の裸をチェロになぞらえたCMがあり、それに反発する人と歓迎する人と、両方の言い分が新聞の投書に出てきたことがあった。これは、それだけこのアイディアが見る人を刺激する力があった証拠だろうが、もう一歩踏み込んでいえば、背中から見たヌードとチェロの間には、もともと、ごく自然にお互いを連想さす共通性があるからなのだ。

そこまでは、どんなチェリストにもあてはまることだが、マイスキーがチェロを抱え込んで弾く格好、それから弾き終わって、まず愛器についた汗を拭きとる姿には、目立ってやさしい愛撫の形がある。それを見ていると、私はあんなに崇高な宗教音楽や徹底的に知的な器楽曲を生み出したバッハと、二度の結婚で二〇人の子供をつくったバッハとが、同じ人間であり、別々にあったわけでないことを、改めて確認せずにいられなくなる。

もしかしたら、これは、ロシア＝ソ連の風土に深く根ざした伝統の一つの現れであって、たとえばドストエフスキーの『カラマーゾフの兄弟』のアリョーシャが深夜ひとり大地に身を投げ出し、接吻するシーンに出ていた、あの精神的に計りがたく高いものと、底が知れないほど深い官能性、肉欲性が一体になった感じが、ここにもあるといっていいのだろうか。いずれにしろ、このチェリストの出現で、久しぶりに私の中で、こういったものへの精神的手ざわり、触感がよみがえるのを覚えた。「何と古臭い例を」と笑われるだろうが、これは彼の曲のつかみ方（技巧ではない）に古風なものがあり、それが今日の聴き手である私たちを新鮮な感動に引きずりこむ力をもつからだ。すでにバッハを弾くこと自体がそうなのだが、その上彼のバッハを聴いていると、古いと新しいを区別し、過去から未来への一方向に流れる単純な軸でもって、思考と感性の在り方を計ることがどんなに音楽本来のものから遠いかがわかってくる。演奏とは曲を通じて音楽の根源――ひいては生命の根源に遡る行為にほかならない。

マイスキーはアンコールでドビュッシーの《ミンストレル》を弾いていたが、これはもう粗放に流れる一歩手前で辛うじて踏みとどまっているような大胆な演奏だったが、身を切るように鋭く烈しいリズムが奔放にとびまわるなかで、一瞬、例のシューベルトでなじみの「生きる悲しみ」が顔をのぞかせ、私をヒヤッとさせた。

この人はソ連で何年間か何かの収容所と精神病院で生活したあと、西側に出る許可を得たのだそうで、ＴＶのインタヴューでも、「おかげで両手をうしろに縛られずに、自由に歩けるというのがどんなにすばらしいことか、よくわかった」と答えていたが、そういえば、思いなしか、演奏のあと楽器をかかげて楽屋に入ってゆくときの彼の足どりからは、自分の歩きたい通りに歩けることの喜びが、波のように幾重にも放射されていた。

# 無伴奏チェロ組曲

アンナー・ビルスマ（チェロ）
CD［セオン　SRCR二四二一～二］

この夏は二カ月ほどヨーロッパに行ってきた。そのあいだに、一度、バート・ヘルツフェルトという西ドイツのごく小さなまちで開かれている音楽祭で、モンテヴェルディの《オルフェオ》の公演を聴いてきたのが、いまだに忘れられない。シャルルマーニュ大帝のころからある古い僧院の、何度か破壊され、何度か再建されたあと、ついに壁だけ残っている廃墟を使っての舞台と観客席で行なわれたもので、演出もすばらしかったが、古楽器を使ってのオーケストラの響きの、何ともいえず古風で、しかも繊細なところが、特に強く印象に残った。

　もちろん、それはモンテヴェルディの原作の優秀さが、第一に、ものをいっている。さすがにヨーロッパのオペラの輝かしい伝統の源泉であるだけでなく、今日も生きている最古の古典になっただけのことがある。

私の知る限り、スイスのチューリヒの歌劇場が、ここ数年、毎シーズン、モンテヴェルディのオペラを上演しているはずで、これもチャンスがあれば、見に行きたいところだった。あそこでは、ヴィーンのアーノンクールの主導するコンツェントゥス・ムジクスの連中がオーケストラをうけもっていて、それが呼び物になっているはずである。

それに、これはもう四、五年前のことだが、夏から秋にかけてヨーロッパに行ったとき、ベルリンでロンドンのモンテヴェルディ合唱団によるマドリガルその他の公演を聴いたことがあるが、このときも、本当によかった。作品も、とびきりすぐれていたが、演奏もきわめて質の高いものだった。

ヨーロッパでは、こういう具合の、バロックから、それ以前にさかのぼっての作品のすぐれた演奏に接する機会が、このところ、ふえてきた。そうして、この種の音楽会は、そこでとりあげられる作品は、言ってみれば、私たちのまったく知らないというわけでもないが、しかし、十八、九世紀から今世紀にかけての音楽のように、耳にたこができるほどくり返し聴いてきた音楽ではなく、今でも——いや、今こそ——聴けば聴くほど、その味わいが深まり、新鮮に聴こえてくる。

この情勢は、レコード界にも、活発に反映するようになった。いや、この分野に通じている人なら、「そうなったのは、もう少なくも十年以上前からですよ」というかもしれない。でも、戦後数年してからのバロック音楽ブームと、今の古楽復興の気運とのあいだには、幾つかの違いがある。なかでも、今さかんに行なわれるようになってきている古楽の演奏の仕方は、一昔前のそれとは、ずいぶん変わってきている。

私は、そのほうの勉強はしたことがないので、その是非を論ずる能力はない。だから、私の聴き方は、たまたま自分が聴いたものが、気に入った、入らなかったというにすぎない。したがってこの短文もそのつもりで読んでいただきたい。ほかの方々の指針になろうと、自負することはもちろん、何の役に立つかも、はっきりとは申しあげられない。

だが、一つだけ言えるのは、このごろの演奏のなかには、同じ曲でも、これまで聴きなれていたのとは違っていて、ハッとするというだけでなく、この曲にはこんなおもしろさ、こんな楽しさ、こんな美しさがひそんでいたのかと、改めて、曲を見直す機会を与えられるのが少なくない。

たとえば、最近、アンナー・ビルスマ（Anner Bylsma）というチェリストによるバッハの《無伴奏チェロ組曲》全六曲のレコードが出た［セオン　ＭＬＧ九一五〇〜二］（一九七九年の録音で、ＣＤは［セオン　ＳＲＣＲ二四二一〜二］）。これなど、今言った驚きであり、喜びであり、そこで弾かれている曲を改めて見直す機会になる典型的なものである。

ビルスマは、ここでバロック・チェロを使用している。私は、チェロのことは詳しくない。まして、バロック・チェロなるものの奏法には一向に暗い人間である。これを聴いてみても、ビルスマの演奏が、バロック・チェロの扱いとして、どの程度のものかさえ、あまりよく判断できない。

ただ、これで聴いてみると、バッハのこれまで聴きなれた《無伴奏チェロ組曲》が、ずいぶん、違って聴こえてくるのに、まず、驚かないわけにはいかない。たとえば、〈第三番〉のあの雄渾で力強いハ長調組曲。これはもう、出だしのプレリュードからして、違う。それから、〈第六番〉。これは、元来は五本の弦をもったチェロのために書かれたものだが、現代のチェリストは、四本の弦の楽器で弾くのが普通になっている曲である。それを、このレコードでは、現実に五本の弦をもった「チェロ・ピッコロ」なるもので、弾いているのである。ライナーノーツにある東川清一氏の解説によると、一七〇〇年ごろチロルで作られたオリジナル楽器を使っての演奏だそうである。そうすると、バッハの求めたとおりの五本の弦の楽器でやるわけだから、無理をしなくてすむのだろうか。いや、どうも、そうでもなさそうである。五本で弾いても、この曲は、「音楽的内容」からいっても、演奏技法的にいっても、依然、高度の組曲たるをやめない。

ただ、それでいながら、曲の様子、音楽の響きは、ずいぶん変わっている。第一曲のプレリュードなど、出だしの主題的な音型が、何度も別々の調性のあいだを巡歴してゆくにつれ、当然、違う弦のあいだを経めぐるわけで、その弦の違いによって生まれる音色の変化は、これまで聴きなれているのに比べて、ずっと大きく多彩になる。

それともう一つ、これは、このビルスマというチェリストのバッハに対する態度の基本にあるのだが、彼は、これまでのチェリストたちが、バッハを歌わせることに主眼をおいた結果、元来が、別々の声部の動きとして書きわけていた音を（声部のあいだを横断して）一本につないでしまい、「歌」としてとらえてしまったことに批判的らしいのである。しかし、彼は、そうやって無理に——この音楽の論理に矛盾してまで——「歌わせる」のでなくて、むしろ、元来がそうであるところのポリフォニックなテクスチュアに戻し、そういう音楽として、弾こうとする。そのため、つながらないものは無理につなげず、むしろ、各声部の独立性をフレーズの扱いと音色の変化を通して、はっきり表すのに主眼をおく。それをこのチェリストは「歌わせるのではなくて、（バッハの音楽が本来もっている性格に忠実に）語らせる」という言葉で言い表す。これは、解説書に載っている渡辺順生氏のインタヴューのなかで、ビルスマが言っているところなのだが、このレコードを聴いていると、その点が、彼の演奏の眼目になっているのがわかってくる。

弦楽器であり、特にまたチェロというのは「歌わせる」ことに重点のある楽器なだけに、その一本のチェロに、ポリフォニックな構造を具えて音楽を書いたバッハの狙いは、この彼の演奏態度によって、これまでよりずっとはっきり浮かび上がってくるのである。これで聴くと、音楽は、何人かのあいだで交わされる対話に、ぐっと、近寄ってくる。それにつれ、音楽は、ビルスマのいう、単語それぞれの意味と、その単語が幾つか集まって形成されるフレーズ、それからセンテンスと、いわば思想を伝える文章語としての音楽という性格を鮮明にしてくれるのである。

# 無伴奏チェロ組曲

鈴木秀美（チェロ）
CD〔ドイツ・ハルモニア・ムンディ　BVCD一六三一～三〕

数年前ヴィクトリア・ムローヴァが日本に公演に来たとき、バッハの《無伴奏ヴァイオリン・パルティータ》を弾いた。

ムローヴァは、いわゆる「古楽器」の方ではなく、近代的なヴァイオリンを弾く人だが、「バッハの弾き方については、近年は〝古楽器派〟（？）の奏法にいろいろと啓発され、とるべきものはとって弾くようにしている」といった趣旨のことを音楽雑誌のインタヴューで答えていた。

私は、そのムローヴァのバッハ（ロ短調の《無伴奏パルティータ》全曲とニ短調《無伴奏パルティータ》の例の〈シャコンヌ〉だった）を実際の演奏会でも聴く機会があった。私は楽器のことはよく知らないので、ごく表面的なことしかわからないのだが、そのときの演奏では、何よりも音の重みの「軽さ」と音の音色の「柔らかさ」、そうして楽々とした運弓、速さなどが、特に注目された。その結果、これまで聴きなれてきたバッハの《無伴奏》の曲に比べると、肩から腕にかけて力の入った弓の使い方、それから指もしっかりと強く弦を上から押さえつけて、できるだけ大きくて強い音を出すというやり方から生まれるのとは相当違う音楽が聴かれるのだった。サラサラというほどではないにせよ、より滑らかに、いわば自由に、音楽が流れる。それでいて、こまかなニュアンスに欠けてない。いや、より豊かにある演奏。パルティータの中の舞曲的な性格が、一層よく感じられる奏法といってもいいだろう。何も踊りの音楽そのものというのではないけれど、とにかく、バッハがアルマンドと呼んだり、サラバンドと名づけたりしたいろいろな楽章の性格の違いも、それに応じて、より鮮やかに浮き上がってくる。とにかく、それを聴いて、私は大変楽しんだ。

最近、鈴木秀美の演奏したバッハの《無伴奏チェロ組曲》の全曲盤CDが出たので（一九九五年の録音、CDは［ドイツ・ハルモニア・ムンディ　BVCD一六三一〜三二］）、それを聴いたとき、私はまっさきにこのムローヴァで経験したことを思い出した。

特に理由があったわけでもないが、私はこの二枚組のCDアルバムの二枚目から聴き出した。その一番はじめに入っているハ長調の組曲のプレリュードの出だしの弾き方、それを耳にしただけで、ここで聴こえてくるものがこれまで聴きなれたのと、ひどく違う音の流れであり、ひいては、「音楽のつかみ方」であるのが、すぐわかる。

［譜例1］

この曲は、つぎのように始まるのだが［譜例1］、このハ長調の音階の下ったり上ったりする具合が、――たとえば最近人気の高い――そうして私も決して嫌いではないマイスキーの演奏だと、はじめのC音にぐっと力を入れ、少し長めにひっぱってから、一気に川の流れを下る舟のように一オクターヴおりていって、ドソミソ／ド――大きく四股でも踏むみたいに力を入れ直したあと、一呼吸して、今度はいま下りてきた音階を、一オクターヴ下で、逆にかけ上がってゆく……という具合に進行する。それは、何の飾りもない、必要な音だけで語られた、すがすがしいくらい清潔な音の流れではあるが、しかし、その中に、ある力の誇示――といったら、言いすぎかもしれないが、勝負を前にして、「さあ、やるぞ」とでもいった強い意志の発露が感じられる。

ところが、鈴木秀美の弾き方では、脱衣室で着ていたものを脱ぎ、パンツ一つになって、足早やにプールのそばまで来た人が、そのまま、予備運動もそこそこに、パッと水の中に飛び込んでしまったような、無雑作、無作為に近いような姿勢がある。そうかといって、この演奏は上っ調子の薄っペラなものではない。むしろ、その正反対で、緻密に考え、一つ一つのフレーズを厳しくとらえて、積み上げていった末に到達した一つの結論のような演奏なのである。一つの音に特別のアクセントを入れるというようなこともなく（強拍と弱拍の関係は、それでも、ちゃんと区別つくように弾いてはいるけれど、メカニカルに強・弱・強・弱というのではない）、さらさらと流れてゆくのだが、何小節もしないうち、いや、この全体が、準備運動というのではなくとも、一種の小手調べであり、つまりはバッハの指示した通りの「プレリュード」なのだと得心がゆくような弾き方なのである。部分的に力瘤を入れないようにしているだけでなく、全体として、サラサラと速く流れてゆく、そのスピード感は、これまでバッハの《無伴奏組曲》であんまり味わったことのないものに近い。これは、このハ長調の曲のプレリュードに限らない。このCD全体に現れている特徴の一つに数えていいのだろう。

ムローヴァのヴァイオリンは「古楽器」ではなかった。鈴木のチェロは、弓も入れて近代楽器でなく古いものらしいけれど、そういうことが、どれくらい演奏に決定的な影響を及ぼすのか、私はよくわからない。それに、私は今、CDで聴いているのだから、これが音質の完全な姿といっていいのかどうかもわからない。

でも、このチェロ奏者がバッハで何を私たちに伝えようとしているのかは、ほかの多くの演奏とは比べものにならないくらい、はっきり伝わってくる。それは、私には、とっても楽しい、気持の良いものとして受け入れられる。かえりみて、こんな明晰なものの言い方に接するのは、そう始終あることではなかった、といってよい。

バッハだからといって、もったいぶって、重みをつけて、ものを言ったり、ことごとしくアクセントを強調したりすることもない。けれども、概していって、ほかでは味わったことのないくらい、躍動的なバッハになっているのである。

むしろ、時によっては、あんまり当り前みたいに聴こえて、こちらが少し拍子抜けすることがあるくらいである。

たとえばニ短調の曲のサラバンド。この曲は、ロストロポーヴィチが、よく、アンコールで弾く曲らしい。私は、五、六年前、水戸の芸術館の開館記念の演奏会で、小澤征爾が指揮した水戸室内管弦楽団がモーツァルトの《ディヴェルティメント》や、ロストロポーヴィチを独奏者としたハイドンの《ハ長調協奏曲》、ボッケリーニの《変ロ長調協奏曲》などをやったあと、鳴りやまない拍手に答えて、この名チェリストがおもむろにこのサラバンドを弾くのを聴いたことがある。

それは本当に感動的な演奏だった。荘重な足どりで、暗く低いところから、冥想的な調べが、姿を現すのをみていると、まるで能舞台での謡曲を聴いているような気になる。特に、出はじめの小節、dから始まってeに上がって、そこでトリラーが一呼吸続けられる間、バスにaがあるだけで、3度がない虚ろな5度が鳴らされる。これが、聴き手を、無気味というか、神秘的というか、無明の境に入ってゆくような気持に導くのである。そうして、つぎの小節の頭で、やっと――下から――d-a-fの三和音が顔を出すと、ホッとする。わずかだが、こうなるまでの音の動きの中に、私はかつて想像したことのないような「深淵」をのぞきみたような思いを味わったのだった。私だけではない。あの時はホールをいっぱいに埋めた聴衆が文字通りしゅんとしてしまった［譜例2］。

誰もかれもこの曲はこう弾かなければならないとは思わない。ロストロポーヴィチがこういう弾き方をした。私はそれを聴いて、こういう思いを味わった、というだけでいいのである。

でも、一度、こんなに「深淵な」経験をしたものは、その後は、この曲を聴くたびに、それを思い出し、それと、今現実に聴いているものとを比較しないではいられなくなる。

演奏を聴くとは、そういうものだろう。私たちは、同じ曲を何度も聴くたびに、いつも、新しく何かを経験するということと、かつて味わったものと、その両方の中から、何かを「自分のもの」として新しくつかみとり、つみ重ねてゆく。

そういう経験の過程の中で、今度の鈴木秀美のバッハ演奏に接して、私は、普通とても味わえないような生き生きとした新鮮な音楽に出会い、それに感動したのだった。

もう何十年も昔のことになるが、初めて、グレン・グールドの《ゴルトベルク変奏曲》のレコードを聴いたときも、びっくりしたものだ。ほとんど「とび上がらんばかりにびっくりした」と、書きたいくらいである。

それまで、ランドフスカの、まるで神社で神主が祭壇まで歩いてゆく姿をみるような重々しい足どりの中で、ジャラジャラと神社の前で鳴らす鈴の音みたいな装飾音をいっぱいつけて、旋律が弾かれてゆくのを目の当たりにしていたのが、全然、そんな飾りをつけずに、生まれたままの音楽の裸身をそのまま差し出したようなグールドの主題の歌わせ方、そのあとの変奏の一つ一つがくり広げられるのにぶつかったのだから。主題の歌わせ方にしろ、そのあとのそれぞれの変奏の弾き方にしろ、メトロノームで計ってみたら、ランドフスカとグールドとどちらが遅いのか、私はやったことがないから知らない。

[譜例 2]

でも、本当は、時計で計った上での速い遅いが問題なのではないのだ。音の流れや和声の動き方、リズム、フレージングの一つ一つの呼吸の仕方、そうして、もちろん、全体の構造の中での各部門に割りあてられた重さ、軽さ、色彩、光と影の配分、そういったすべてのものが「音楽」をつくってゆき、その音楽は、つきつめたところ、「生命そのものの動き」なのだ。

鈴木秀美のチェロをグールドのピアノと同じにならべて聴くというの

ではない。まして、演奏する当事者にしてみれば、どんな楽器を採用するかのほうが、ある意味では、基本的な問題かもしれない。でも、それはそれ。私たちは、ピアノだろうとチェンバロだろうと、「古楽器」だろうと「近代楽器」だろうと、どちらでなければならないという立場に自分を縛る必要はまったくない。それよりも、むしろ、ひところのように、バッハはチェンバロかクラヴィコードかでなければいけない、ピアノで弾くなんてとんでもない邪道だなどという話を聞かされるのは、むしろ、迷惑だ。グールドだけではない。ピアノでバッハを弾いて、私たちをチャームすることを心得ているピアニストたちが全部姿を消してしまったら、どんなに私たちの音楽を味わう楽しみはまずしいものになってしまうことだろう。

そのかわりまた、鈴木秀美のような優秀なヴィオロン＝チェロ弾きが出てきて、カサルスともフルニエとも、ロストロポーヴィチともマイスキーとも、うんと違うバッハの《無伴奏チェロ組曲》を聴かせてもらえるとは、私たちにとって、何と幸せなことだろう。

それにしてもバッハ、バッハ。どんな音楽にも多かれ少なかれ、当てはまることとはいえ、特にバッハの音楽ほど、絶えず新しいものになって鳴り響く可能性をもって、ほぼ三世紀を生き続けてきた音楽はほかにない。せっかく、そういう音楽をとり上げるからには、ありきたりの、誰でもやっているのをくり返すのでなくて、このＣＤみたいな、ほかにあんまり味わったことのないようなものを経験さす演奏家が、また一人、出てきたというのは、どんなによろこんでもよろこびきれないような出来事ではなかろうか。

私は何もバッハはどう弾いてもいいと言っているわけではない。しかし、バッハ自身が自他の作品を、原作と違う、いろいろな楽器に移しかえて書いており、そこから「演奏の創造性」の重視が生まれてくるのは、ちっとも不自然なことではないだろう。

# カール・リヒター――《マタイ受難曲》のことはまだとても書けないけれど

1

放送か何かでしゃべったか、それとも原稿の中で書いたのだったか、ちょっと思い出せないのだが、もしあらゆるヨーロッパの音楽家の中で、ただ一人をとるとしたら、私はJ・S・バッハをとるだろう、また、もし一曲をとれと言われたら、バッハの《マタイ受難曲》をとるだろう。私は、いつか、こんな考えを述べたことがある。この考えは、今も、変わらない。

けれども、もちろん、バッハのほかに、モーツァルトがあり、ドビュッシーがあり、ヴェーベルンがあり、という具合に、音楽と音楽家は、ほかにもたくさんあるのが現実であり、また、それはとてもありがたいことだ。私たちは、何も無理をして、一人、一曲に、音楽を限定する必要はない。ただ、バッハの中には音楽のすべてがあるのである。つまり、音を横にならべ、旋律として、線として書くのと、縦にならべ、ハーモニーとし、音を重ねたり、また対位法的な扱いとして、横の何本もの線を同時的に組み合わせるのと、その両方から音楽を組織し、建築するうえで、バッハの音楽は、音楽すべての可能性を内蔵している。そのうえに、彼は純粋に音響の構成物としての音楽であると同時に、人間の精神の内なるものと肉体の動きであり、感覚の反映であるもの、つまりは、あらゆる意味での「表現としての音楽」としても、まずは、これを凌駕するのは不可能なところまでのすべてをやりつくしたといっても、少ししか誇張でないような、そういう音楽を書いた人だ。もちろん、バッハのしなかったことはいろいろあるし――たとえば「音色」――、私も何も、バッハがすべてをしたというとき、それを量的に考えているのではない。質とし、無限に可能かもしれない広がりをもつ音楽の世界の中での、その可能性の基本としての「すべて」を考えて言っているのである。

まあ、そんなことは、今の場合、たいして重要ではない。私は、バッハの中に「音楽」の頂点をみる人間だ、と言っておけばよいだろう。そうして、そのバッハの作品は、実は、私は、みんな、文字どおりみんな、どれもすばらしいと信じているだけでなく、みんな好きである。

だから、もし強いられたらその中で一曲、《マタイ受難曲》だけを選ぶというのが、すでに、苦しまぎれのことではあるのだ。けれども、やっぱり、そういう羽目に陥ったら、私は返事を避けずに、この曲を選ぶだろう。この曲は、それくらいの内容をもっている。大バッハの手から生まれたといっても、これは一回限りの作品であり、音楽として一つの大きな世界であり、また、有史以来のヨーロッパのすべての歩みの根元につながる、大きくて深い意義をもつ対象と取り組んだ作品である。私の考えるのは、この音楽は、バッハの作曲であるとともに、バッハ個人を越えた、もっと大きな音楽の流れの中の一つの高まりだということでもある。

私にはまだ、この曲については書く力はない。今度も、いろいろな事情で、つい、この曲のレコードについて書くことになり、大弱りに弱りながら書いているのである。あらかじめ御承知置きいただきたい。

2

この曲を、私は、今までに何度聴いているだろう？　戦前、ブルーノ・キッテルの指揮したポリドール盤の抜萃レコードがあった。それはよく聴いた。しかし、実演は、おそらく三回聴いたことがあるだけだろう。戦争中だったたか、ローゼンストックの指揮で今日のN響、当時の日本交響楽団が定期でやったのを聴いたのが初めてである。

休憩に増沢健美さんが「どうも、こいつは、抜萃レコードで聴いたあのサワリだけでよいのじゃないかな?」と言われたのを覚えている。私は、始終ワクワクして聴いていたので、そう言われて、何ともかえす言葉がなかった。

二度目は、いつぞや二期会がやったもの。そうして三度目は、一九六七年から八年にかけてベルリンにいたとき、カール・リヒターが例のミュンヒェン・バッハ管弦楽団や合唱団をひきつれて、ソ連に客演して大成功をおさめたあと、ベルリンに現れて公演したのを聴いたときである。もちろん、このときの演奏が、いまだに最も印象に強く残っている。演奏のせいもあり、私も、その間に少しは、この音楽を聴くことを学んできたからだろう。家に帰ってきてどうだった?と聞かれ、私は ergreifend! と言うほか、ほかに言いようがなかったのを覚えている。演奏の批評なんてできはしない。全心をがっちりした手でつかまれたという感じであった。あの一年のヨーロッパ滞在中、ベルリンを本拠に、あちこち歩きもしながら、私の聴いたオペラや音楽会の数がいくつになるか、今でも計算したこともないのでわからないけれども、この《マタイ受難曲》は、その絶頂の一つだった。だが、これについては、まだ一度も正面から書いたことがない。この間あるところに、リヒターの指揮した《ブランデンブルク協奏曲》のレコードの印象記を書いたときにちょっとふれたのが精いっぱいである。

それが、今度は、レコードについて書くことになったわけだが、それでも、私はやっぱり気が進まない。むずかしい。第一、《マタイ受難曲》などという音楽は、レコードが手もとに置かれたといったって、そう簡単に聴く気にはなれない音楽である。私は、これから何年生きられるか知らないが、その残された一生の間に、果たして、何回聴けるだろう？　すでに三回聴いたことがあるというだけで、もう幸運だといってもよいし、何十回聴いたからといって、よりよくわかるようになるときまったものでもない。《マタイ受難曲》というのは、そういう曲なのである。ほかの場合のように、誰がうまくて、この指揮者はここをこうやってるなどという気には、よほどのことがなければ、なれるものではない。もちろん、私みたいに、ほかの曲だといろいろやっているくせに、この曲になると突然やれなくなるなんて変だと言われたら、そのとおりである。だから、そういう人に、批評やら細かい比較やら、綿密な研究はやってもらえばよいのである。

私も、ある程度のおつきあいはする。以下は、まあ、そんなところだと考えて読んでいただきたい。

3

カール・リヒターは、中庸の音楽家だろう。彼が当代並ぶもののないバッハ指揮者となっているのは、そのためかどうか知らないが、カンタータとかパッションとか、オーケストラの合奏とかに関しては彼のバッハが一番スタンダードだと考え、彼の演奏で聴くのが一番好きである。

中庸というのは、しかし、折衷的というのではない。これはむしろ、とてもむずかしい行き方である。私がいう意味は、バッハの中の、いわば宗教的で神秘的な面と最も人間的現世的な面、あるいは純粋器楽的なものと表現主義的で劇的なもの、あるいは構成的できわめて強力に秩序をもったもの、つまり光明と理性の支配する面と、その逆のもの、矛盾をもち官能的で、ときには恣意的でさえある不合理の面と、そういうバッハというきわめて複雑な現象の中で、どれかに重点をおくことはあっても、そのために別の面を切りすてはしない態度と関係のある中庸である。だから、むしろ、ある時は一方、ある時は他方に傾きはするが、しかし、全体の均衡は破らない。そういう態度というほうが正確かもしれない。もし、私が、バッハの演奏の伝統についてもっとよく知っていたら、リヒターの演奏は伝統的であって、しかも現代的に新しいと言ったかもしれない。しかし、私は、二百年にわたるバッハ演奏の伝統、ことに教会音楽演奏の伝統をそんなによく知っているわけではないから、以上のようにしか言えない。

レコード〔ドイツ盤アルヒーフ　一九八〇〇九～一二（一九五八年の録音、この番号〔LP〕は廃盤。CDは［アルヒーフ　POCA二〇〇六～八］）〕で、そういう例をあげると、こうなる。

《マタイ受難曲》の、根本的な劇はどこにあるのだろうか？　リヒターの考えでは、この劇の主人公は群集、つまりイエスを憎悪し、侮辱し、虐待と乱暴の限りをつくしたあとで、十字架につけて殺戮した人びとである。イエスが十字架の上で息をひきとったのち、「神殿の幕が裂け、大地が震え、岩が裂け、墓が口を開いて、眠っていた多くの聖徒たちの死骸が生きかえった」、これを見て、百卒長やその他イエスの墓の番をしていたものたちは恐れておののいて言ったのだった、「本当に、あの男は神の息子だったのだ」と。イエスが捕われてからここまでの情景とこの音楽。そこにリヒターの演奏の最も大きなアクセントがおかれる。つまり、これは、罪人たちが（つまり私たち全部である）イエスの言うことを信じないばかりか、さんざん彼をおとしめ死にいたらしめたあとで、奇蹟にふれて、初めて真実を認識するという、その回心の内側の劇として把握される。リヒターの演奏は、そう語っているのである。そのソプラノ部だけ想い出していただくために引用してみよう［譜例1］。

*pp*で始まり、クレッシェンドして、また*p*に戻る。その間の二小節！　ここにこの膨大な作品の「眼目」がある。ベルリンの実演でも、私はこれを聴いて震駭させられたし、レコードで聴いても、私はここに最もうたれた。もちろん、そのために、リヒターは、その前の第六九番のアルトのアリア〈ああ、ゴルゴタ〉からずっと、この第七三番の福音史家のレチタティーヴォとそこにはさまれたエピソードを経て、第七五

[譜例1]

Wahr-lich,die - ser ist Got-tes Sohn ge - we - sen.
本当に　これは　神の　息子で　あったのだ
リヒターのダイナミック

おれたちは何ということを
してしまったのだろう！

番のバスのアリア、それから最後の子守歌（!?）にいたるまで、一瞬のゆるみもたるみもない演奏をする。その密度の高さは、作品自体の未曾有の密度を裏切らない大変な緊張をつくりだす。

　だが、一方では、受難の劇の大切な叙述であり、第一部のクライマックスであるもの、つまり、第三三番のアルトとソプラノの有名な二重唱〈こうしてイエスは捕えられた〉の中で、民衆を代表する合唱が、その合間に「彼を放せ、縛るな！」と叫び、そのあとでは「稲妻も雷も雲の中に影を隠してしまったか？　燃えさかる深淵よ、裏切りものを、殺戮の血をうちやぶり、ほろぼし、のみつくし、くだきつくせ！」と絶叫するところがあるが、そういうところでは、リヒターは、特に爆発的で劇的で描写的な演奏をしようとはしない。むしろ、そこでは怒号も絶叫も内心のものと化し、声にならぬ憤りとなっているといったほうがよかろう。かつてのキッテルのレコードなどは、その点、はるかにロマンティックで劇的なものだった。リヒターにとっての力点は、外的な事件ではなくて、一人一人の人間の内面の革命なのである。

　私は、これをすごいと思う。

　だから、むしろ、一つ一つのアリア、また特に福音史家のレチタテ

［譜例 2］

ィーヴォなどの中で、この契機につながるものには、すばらしく表現的なテンポがとられ、アクセントがおかれる。そうして、このレコードでは、福音史家をつとめるエルンスト・ヘフリガーの名演は特筆に値し、いくら賛美しても賛美しきれないのだが、それはまた、単に彼が「うまく歌っているから」ではなくて、劇が内面の世界に移しかえられていることを、リヒターが福音史家のレチタティーヴォの間にはさまれたり、下におかれたりする簡単なセッコの伴奏を通じて、よく現しているからでもある。これら、たいていは二つ、さもなくともいくつでもない和音を押すだけのオルガンの演奏だとか、あるいはバッソ・コンティヌオのメンバーの演奏だとか、その彼らのやる音楽の絶妙さは特筆に値する。

劇のアクセントの、もう一つの重点は、ペテロの裏切り（鶏が鳴く前に、彼は三度イエスの使徒であることを否定する）にある。これも作品が、すでに、そこに大きな比重をおいているからだが、演奏も、ここでは哀痛――いや峻厳でしかも悲痛――を極める。第四五番のレチタティーヴォ。福音史家と、三人の告発者とペテロの否認の交錯。そのまま第四六番に入っての終わり、「ペテロは外に出て、さめざめと泣いた」［譜例2］。この演奏で、胸をつかれないとしたら、その人はもう音楽を聴く必要などまったくない人である。

4

バッハの音楽には、音楽のありとあらゆる要素の中では、色彩的なものが比較的背後に隠れている。ことに表現の最も高いもの、頂点にあるものは、精神化され、単色の線というより、むしろ超色彩的な出来事と化しているのが、よくみられる（彼が、ある楽器のために書かれた曲をしきりと別の楽器に移すよう編曲したのはいうまでもないことだし、特に最後年の大作になると、もう楽器の指定のまったくないものさえ見られるようになる）。

しかし、それがバッハのすべてであったのでない。オルガンでもチェンバロでも、たとえ色彩的な書き方はしていなくとも、そこを聴き出す微妙な耳さえあれば、細密なニュアンスと明暗の変化・交替を聴きとることは十分に可能なのである（たとえば、グレン・グールドの演奏！）。

だが、そこまで隠秘で細かなニュアンスの世界まで降りてゆかなくとも、こういう《マタイ受難曲》のような超大作の中では、色彩も欠けていない。第五八番のソプラノのアリア〈愛により、われらが主は死につこうとする〉はバッソ・コンティヌオのほかに二本のフルートと二本のオーボエ・ダ・カッチャのオブリガートがつく。このアリアはそのほかにも、実に特徴のあるメリスマをもった旋律で歌われるのだが、それを歌うイルムガルト・ゼーフリートも実によい。その声が肉の厚い声ではないのがよい。一体に、バッハの曲、ことに声楽は、イタリア・オペラの歌手たちのような、肉づきの豊かなヴィブラートのたっぷりついたベル・カント、つまり豊麗極彩色の声で歌われるのは望ましくないわけで、その点でも、このレコードのゼーフリートとか、アルトのヘルタ・テッパーらの声はぴったりである。

男声歌手も同じである。ヘフリガーの福音史家、イエスを歌うエンゲン、ユダその他のプレプストルも、私は好きであるが、フィッシャー＝ディースカウには、ほとほと頭がさがる。この人を、知的だとか耽美的だとかといって分類してすました気になるというのは、どういうわけであろう。何も彼が牧師の子息だからというわけではないが、これは敬虔な歌手である（歌っているときの彼が、まるで説教する牧師のような表情をするのは、実演で聴いた人は知ってるはずだ）。ヴィオラ・ダ・ガンバのソロとコンティヌオだけの伴奏をもった第六五番の短いレチタティーヴォから同じ編成の第六六番のアリア（あの付点音符つきのリズムをもった〈来たれ、甘き十字架よ〉）のフィッシャー＝ディースカウの歌は、芸術的完璧と人間的敬虔の結合したまったくユニークな高さを極めた歌唱というほかない。しかも、彼は、どこまでいっても余裕をもって歌っているので、あの美しく充実したピアノの歌が、どんなフォルテより、聴いたあとも長く残るのである。

合唱が、管弦楽とともに、リヒターの手兵として、この演奏の堅固な核心、がっしりした基礎をつくっているのは、いうまでもない。第六三番のコラール。つまりこの受難曲全体を貫き、作品の調性的構成のとめがねでもあれば、精神的絆の役もつとめているコラールの演奏はテンポといい、第一節の *mf* と第二節の *pp* の対照といい、この曲のコラールの演奏を代表しているといってよいだろう。それは、全然甘ったるくなく、べとつかない。さればといって機械的で冷たくもない。どこまでいっても客観的で一歩離れているようでいて、実は、音楽の核心に立ち、そこから歌われているのだ。

私が、リヒター指揮のレコードの演奏を、中庸の演奏と呼ぶ所以である。形容詞をつけるとすれば、これは過度に「劇的」でもなく、過度に冷たく「純音楽的」でもなく、過度に「抒情的」でもない、「黄金の中庸」と呼ぶしかないような演奏である。

# ブランデンブルク協奏曲（全曲）

イル・ジャルディーノ・アルモニコ
CD［テルデック　WPCS五七八七〜八］

イル・ジャルディーノ・アルモニコ（Il Giardino Armonico）という合奏団が演奏する《ブランデンブルク協奏曲》（一九九六、一九九七年の録音、CDは［テルデック　WPCS五七八七〜八］）を聴いた。とてもおもしろくて、つい《ブランデンブルク協奏曲》を〈一番〉から〈六番〉まで、つぎつぎと全部聴いた。こんなことは、昔、カール・リヒターとミュンヒェン・バッハで聴いて以来、初めてのことである。

といっても、かつてのリヒターと今度のジャルディーノ・アルモニコとでは演奏の仕方がまるで違うことはいうまでもない。このイタリア人たちの演奏するバッハが私を惹きつける、その惹きつけ方は、いってみれば、大変刺戟性の強いもので、その点ではこれも何十年か前、グレン・グールドの弾く《ゴルトベルク変奏曲》のLPを初めて耳にしたとき以来である。

リヒターのドイツ的な厳しくも高い精神性の裏づけをもったバッハに比べて、このジャルディーノ・アルモニコの人たちのバッハは、まず何よりも退屈でなく、もったいぶったところが少しもない。すべてが、非常に活発な想像力に裏づけられた、生き生きとしたものになっている。音の一つ一つがまるで生きものみたいに呼吸しながら、歌ったり、叫んだり、訴えたり、笑ったり、おしゃべりしたりといった具合なのである。

彼らを聴いていて、グールドの弾く《ゴルトベルク変奏曲》を初めて聴いたときもそうだったのを思い出した。もちろん、違う点もある。グールドのは、聴き手にまず非常に精密な計算の上に築かれた知性的な演奏という印象を与える一方で、そのうらに、純正で全身的なロマンティシズムが脈々と流れているといったものだった。私としては、そのことに気がついたのは、実は、彼が《ゴルトベルク》のあと、ベートーヴェンの後期のソナタ三曲のＬＰを出し（これは、彼のいまいった「知性派」的な面を強烈に——やや、鬼面人を驚かすといってもいいくらいのいたずら精神を発動させながら——打ち出したものだったが）、そのあとに出したブラームスの《間奏曲集》を聴いたときだった。これが実に濃厚な、そうしてすごく清冽なロマンティシズムを漲らせた演奏だったのである。私はこれを耳にした途端、ふりかえって《ゴルトベルク変奏曲》の中のト短調の二曲、特に〈第二五番変奏〉を通じてしみじみと伝わってくる清らかな抒情性の深みを改めて味わうことを知ったのだった。

今度聴いたイタリア人たち――いったい幾つぐらいの年齢の人たちなのだろう？――のバッハは、そのグールドとも違う。これはロマンティックとはいえない。ここにはもっと、すべてが外側に出て、はっきり耳に入り、目に見えるような想像力の働きがあり、さまざまの技法上の工夫の上になりたっている芸術である。

何よりもさきに速めのテンポが耳につく。それにリズム。バッハのリズムが素敵なことは誰も知っている。《ブランデンブルク協奏曲》の〈一番〉の最初の主題――あの、低音で四分音符を一つ打ったあと、八分音符一つ遅れて出てきて、ド・ミ・ソ・ド・ソ・ラ・ソ・ファ……と続いてゆくふしの、何でもないようでいて、実はこの上なく生きている、いいリズムをもった主題、これを聴いただけで、私たちは、この音楽家たちが、どんなに音楽を生きたものとして感じ、それを音にしてゆくことに全身的喜びをもってやっているかに気がつかないわけにいかない。

また、そのリズムの中でアクセントをつける、やり方のおもしろさ。たとえば、同じ〈一番〉の曲の第三楽章アレグロは八分の六拍子だが、これを弾くのに、彼らは第一拍にぐんとアクセントをつけ、第四拍以下の三つの拍は弱く弾く。第一拍から第三拍までが、陽性というか、よく陽の光の当たった明るく強いリズム、第四拍から第六拍までがそのエコー――というより、日陰の部分とでもいった恰好になる。その強と弱の対照は、ある程度まで、楽天的とでも呼びたいくらい規則的にくり返し保持してゆくのだが、だからといって、その弱＝陰の部分は音量こそ小さいが、音楽としての表情は決して稀薄になってはいない。むしろ音楽がいっぱいつまっている感じ。

　こんなに楽しいバッハはまれにしか聴かれない。このあと、たとえばピノックとかブリュッヘンとかいった人たちの演奏を聴くと、いかに彼らがマジメな演奏をしているかに、改めて強い印象を受ける。前に書いた、四分音符半分の休みをおいて、主題が出現する、その呼吸と、そのあとの歩みの一つ一つが、ある重みをつけた靴をはいて前進しているかのように聴こえてくる。

　もちろん、この人たちの演奏は、それだけで終わるのでなく、すごくりっぱな点がたくさんある。そうして、バッハの偉大さを思い、「やっぱりバッハは圧倒的に他を引き離した超絶的大家だったな」と、改めて感心するのはもちろんである。

　だが、このイタリア人たちのは、ちょっと違うのである。これは、少しも構えたところがなく、その辺を動きまわっている生身の人間の存在が、じかに伝わってくるような演奏なのである。CDにするに当たっての音のとり方で、どんなエンジニアーが、どんな機械装置を使ってとったのか知らないが、バランスがいつも理想的とはいえず、時々、よくわからない声部が出てきたりする。

〈第一番〉でいうと、第四楽章のメヌエット。この曲には、周知のように、トリオが二つついており、最初のはオーボエ二つにファゴット（またはホルン？）一つという組み合わせ。二番目のトリオは逆になってホルン二部にオーボエ一部という組み合せになっている。そういうとき、単に音が小さくなるというだけでなく、まるで影みたいに薄くなり、ことに第二トリオなど、三声の動きが——少なくとも、私の使っているような装置では、ちゃんと出てこない。これは演奏者のせいというのではないように思われる。

だが、逆に、内声の動きが、それこそ手にとるように聴こえてくる場合も少なくない。第一楽章の、さっきふれた最初の主題の掲示の際、二本のホルンが第二、第三小節で三連符二つのリズムで音を出すところがある。このホルンの三連符は、このあともさかんに使われ、全体として、八分音符と一六分音符で書かれている音楽の流れの中で、異彩を放つようになっている。この三連符が、異質のリズムの進入とでもいった働きを通じて、小さなものではありながら、何かの香料、いやコショウか何かみたいな刺激性調味料のような、際立った効果を生みだすのである。だから、今言ったトリオのような例はあっても、この演奏、ないしは音のとり方が粗雑で、こまかい神経が行き届いていないというわけではないのである。

だが、誤解を恐れず書かしてもらえば、この人たちの演奏には、重箱の隅をつっつくような神経の使い方よりは、全体の動きの生き生きした躍動性をはなから重んじるということろが、全体を貫いてみられる。

テンポの速さ、それからダイナミズムの扱い。どこを聴いても、実に活発なイマジネーションの躍動がある。一分の隙もない正確さ、精密さというより、生きた——それこそ、なまぐさいまでに生身《なまみ》のみえる演奏なのである。

グールドのロマンティックな詩情とは違う。しかし、だからといって、このイタリア人たちの演奏にポエジーがないというのではない。むしろ、大ありなのである。それはこの〈一番〉の協奏曲だけでなく、〈二番〉以下の曲にも、それぞれの性格に応じて変化しながらも、いつもある。その上、〈一番〉の曲でバロック・ホルンやオーボエ、ヴィオリーノ・ピッコロ、などなどが鮮やかな響きで聴くものを楽しませてくれるように、〈二番〉ではトランペット、それからブロックフレーテ（これはジョヴァンニ・アントニーニという、この合奏団のリーダーの演奏らしいが、特筆すべき名演になっている）の爽やかな演奏が聴かれる。うまいというだけでなく、生きた音楽になっているのである。この〈二番〉の出来は、六曲の中で出色といっていいのではないか。

以下、全体としては、明るく、重厚というよりはむしろ軽快な奏法が印象的だ。このイタリア人たちは、ジャズのフェスティヴァルにも出演して、ヴィヴァルディその他を弾いていると、解説書に書いてあったが、そんなときは、きっと、ジャズのミュージシャンたちに劣らず、聴衆を沸かすことだろう。

《ブランデンブルク協奏曲》があんまり楽しかったので、イタリア・バロックもののCDも聴いてみた（《四季》他、エンリコ・オノフリ＝ソロ・ヴァイオリン）。

ヴィヴァルディが、予想していた通り、抜群におもしろい。誰も知るとおり《四季》が有名な例だけれど、ヴィヴァルディには《海の嵐》だとか《夜》だとか、標題楽的な発想からきた音の使い方がたくさんある。その《海の嵐》その他は、さっきから書いてきたように、この合奏団の人々の溢れるような想像力の噴出、氾濫に伴って、造型的な描写性をもった音楽――音の絵画――として、生き生きと演奏されているのは、いうまでもない。そういう中で、私をおもしろがらせるのは、音の作り、響きの構成の上の工夫もさることながら、特に、そこに充満するダイナミックな戯れの多彩なおもしろさである。例のコレッリの《クリスマス協奏曲》などの入った生誕祭をめぐる協奏曲を集めたCDの一つで、ヴィヴァルディの《憩い》とでも訳されているのだろうか《Il Riposo》という曲が含まれているが、これなど、「ソロのヴァイオリンとオーケストラとの間の対照、リトルネッロとソロの部分の対比などを軸に、明るくて優雅な協奏曲的対話」のつきることを知らない創作家だったヴィヴァルディの曲の中でも、ひときわ、私の耳に残る曲だった。私は、イタリア・バロック全体について、勉強がたりないので、あんまり大きなことは言えないのだが、この曲では、いつもの陽気な会話体だけでなく、第一、第二楽章では、特に、微妙な*p*、*pp*や、休止符をふんだんに含んだ和音の連続が（特にアダージョでは）あり、それを聴いていると、不思議な静けさをもち心の安まる「詩情」の誕生する現場に立ち会う気持になる。イエスの降誕に因む音楽（つまり、per il Natale）といわれる由来であろうか。

それにまた、この人たちでヴィヴァルディを聴くと、構成の図式が実にはっきりみえてくるような気がする。ヴィヴァルディの協奏曲のそれは、複雑とは程遠く、直截明確なものが少なくないのは、いうまでもないけれど、ジャルディーノ・アルモニコの人々の演奏を聴くと、一点の曇りもなく、それが見えてくるのも、特徴の一つだといっていい。とにかく、おもしろい団体が出てきたものである。私は、かつてグールドが出現したとき、それまでの重厚でしかつめらしい顔をした《ゴルトベルク変奏曲》を聴きなれた人たちが手厳しく批判していたのを思い出した。この連中のバッハも手ひどく非難されて不思議ではない。彼らの演奏スタイルが、どういうところまで拡大してゆくのか、質的にもどう変化してゆくのか、私は知らない。また、バッハの偉大な音楽の演奏には、こういうのでないものがこれまでにもほかにあったし、これからもあるにきまっているが、この人たちのは一つの独特の足どりと活気、香りと詩をもったものである。私は本当に楽しませてもらった。

# ピアノでバッハを弾いた人たち

すばらしい音楽書が二冊出た。一つは『グレン・グールド　演奏術』（ケヴィン・バザーナ著、サダコ・グエン訳、白水社）、もうひとつは『リヒテル』（ブリューノ・モンサンジョン著、中地義和・鈴木圭介訳、筑摩書房）である。このうちバザーナの本は演奏芸術家としてのグールドの実践と考えについて、私の知る限りこれまでで唯一の具体的に詳細に論じたもの。これを読むと、これまでグールドのピアノに感心していた人も、逆にひどい目茶苦茶なピアニストだとして軽蔑していた人も改めて目を開かされた思いをするに相違ない。私は一遍に好きになるだろうというのでなくて、その嫌い方、好き方において、演奏芸術の歴史の流れの中で一層根拠のあるとらえ方ができるようになるだろうという意味でそう考えるのであって、この本に比べれば、これまでグールドについて書かれたものは、多かれ少なかれ、ひとりの極めて風変わりな人間についていろいろのエピソードを綴ったものにすぎないというような錯覚を持ってしまう。だが、これはかなり専門的な知識を前提としている本だし、大変まじめな本だから読みやすくはない。

リヒテルの本は、『リヒテル／謎（エニグマ）——甦るロシアの巨人』という邦題で数年前にLDで出たことのある、モンサンジョンがリヒテルにインタヴューしながら、その生涯や考えをきいたものを改めて編集した部分と、リヒテルが生前書きためていた一種の「音楽日記」みたいな膨大なノートとからできている。この両方が言葉では言いつくせないほどの人間的魅力と内容の深さを持った読みものとしてまとめられている。前のLDは私は知っていたが、後のノート（この方が分量的にも多い。それにリヒテルの書いた唯一の文章だという「プロコフィエフ」についての一文も加わっている）には本当に感心した。観察や感想の豊富で誠実そのものズバリの表現は、なまじの音楽批評の比ではない。こちらはどんな素人にもわかる。ぜひ一読をおすすめする。

ところでグールドとリヒテルは、前者がかつてのソ連に演奏旅行にいった時、会っている。その時、リヒテルはグールドの演奏をきいてもいる。例のノートにはグールドのことも出てくるのだが、それは人間のことではなくて、彼の演奏についてだ。それに彼はその後もグールドのひいたバッハのレコードをきいて感想を残している。いま、そのひとつを引用してみる。

「グレン・グールド、『バッハの最も偉大な演奏者』。グレン・グールドは自分のバッハを発見した。そしてその意味ではそのような讃辞を受けるに値する人物だ。

彼の主たる美点は音色面にあると思える。それはまさにバッハに相応しいものだ。とはいえ、バッハの音楽は私に言わせればもっと深く、もっと厳しいものを要求する。然るにグールドにおいては、いっさいがちょっとばかり輝かしすぎ、外面的すぎる。その上、いっさいの繰り返しを行なわない。これは許せない。つまりはバッハの音楽をそれほど愛していないということなのだ」（『リヒテル』二七一頁）。

簡にして要を得た評とは、正に、こういうものをいう。私たちはこれを読んで、表面的に正確だというより、言いたいこと自体の重みが物事の底の底まで届いているのを知るのだ。

『バッハの最も偉大な演奏者』という鉤括弧のもつ大きな皮肉（もちろん、それだけでなく、ここに正直な賛嘆の響きも読み取らないとしたら、読み手の片手落ちというものだろう）。これはリヒテルでは、いろいろな人、いろいろな演奏（他人ばかりでなく自分の演奏のときも入れて）について出たり入ったりするものだが、ここでは実によくきいている。それにリヒテルは繰り返しにはいつもこだわり、それをやらない人にはいつも非難の言葉を残していた。ただし、「グールドの主な美点は音色面にあると思える」という点はどうであろう。一九五七年、つまり当時まだ二十五歳の青年として、当時全く珍しかった西側の音楽家として、ソ連を訪れたグールドの全く独特な形で出てきた青年の客気にみちた演奏ぶりや挙止振舞い、それに向かって熱烈な喝采を贈るソ連の音楽愛好家や専門家――それにリヒテルのような専門家中の専門家たちも入れて――の反応ぶり、そういう状況を考えるとグールドの演奏には「すこしばかり輝かしいアウラ」がありすぎるという評語も、自然に受けとれる。

でも、実は、音色面こそ、最も表面に出ていない要素だったのではあるまいか。もっとも、リヒテルはグールドの「バッハのノン・レガート」の弾き方に注目したに違いない。そうして、このノン・レガート奏法こそは彼のピアニズムの独自性の一番基本にあるものだった。バザーナは「グールドのノン・レガート奏法には独特の緊迫感があり、それはレガートより遥かに力強く含蓄に富む。ピアノではレガート奏法では朗々と響くかもしれないが、同時に平凡である。グールドのノン・レガートは明瞭さが神秘性の源泉になっている」というこれまた対象の核心を的確に言い当てた評を下している。リヒテルもこのことは正確にききとったに違いない。

一方、グールドはリヒテルには特別敬意を抱いていた。それを少し省略しながら引用してみる。

「演奏家は二種類に分けられると思う。自分の演奏する楽器を自分の利益のために利用する人としない人である。前者は（歴史の本に書いてあることを信じるなら）リストやパガニーニのような伝説的人物、それに近年の超人的テクニックの持ち主といわれた何人もの名人たちである。後者は演奏の手法の問題全体を避けて通ろうとする音楽家たち。自分と演奏している曲との間に直接のつながりがあるという幻想をつくり出そうとする音楽家たちで、聴き手が演奏のことより、そのものに没頭できるよう手助けする。我々の時代の第二の範疇に属する人として、S・リヒテル以上のよい例はないと思う。彼のような演奏家には楽器と完璧な関係をもち、演奏に伴う物理的作用は全く目立たなくなるので、演奏者と聴き手は、演奏の妙技その他の表面的な問題はすべて無視し、音楽に内在する形而上的な特質に注意を向けることができるのだ」（『グレン・グールド　演奏術』一九一〜二頁）。

これはまるでリヒテル自身の考えを代弁しているかのようにきこえる。リヒテル――ことに最晩年の彼は――私たちの直接経験したように――出来ることなら自分自身は全く姿を消し、聴衆にはただ音楽だけに没頭してほしいといわんばかりの姿でピアノをひいていた。

これこそ、またある意味では、グールドの目指したところでもあったのだ。

私はこの二人の音楽家の在り方、それから二人の間での作用と反作用の在り方の中に、将来への指針になりうるようなものがいろいろと含まれているように思う。

グールドのバッハのことは、ここで改めて書くつもりはない。ただ、彼がキャリアの出発で刻んだ一九五五年発売の《ゴルトベルク変奏曲》の演奏と、一九八一年にもう一度入れ、その発売とほとんど期を同じくして死んだ二回目の《ゴルトベルク変奏曲》のCDとは、このピアノに収まりきれなかった天才ピアニストの短い生涯での発展の跡を示すものとして、何よりも貴重な二本の金字塔であるということは、これまた改めて書くまでもあるまいが、バザーナの本には、そのことも詳細をきわめた徹底的な知識として、提示されている。私も、今度改めてきき直して、たとえば、第二ヴァージョンの主題と各変奏の間を二本の糸のように貫いている、言ってみれば指導的テンポの整然とした数学的関係でしっかり組み立てられた構造的思考と、その肉付けの妙味をたっぷり楽しんだのだが、それでもなお、私は第一回の演奏の瑞々しさには依然として大きな愛着をすてきれないのである。あれこそ、リヒテルの指摘した輝かしすぎ、外面的すぎるという憾みはあるのは事実としても（後年のそれの方はずいぶん違う。リヒテルはこれを知らなかったのではないか）、しかし、あの輝かしさこそ、「グールドがみつけ、見事に造形した自分のバッハ」であり、これに匹敵するものはおろか、これに似ているものさえ――何人かの模倣者は別として――みつからないような唯一無二のものではないか。

リヒテルのノートには、毎年のクリスマスや年の暮れ、年の始めにバッハをきいていたと書いてある。彼が、クリスマスになると、いつも《クリスマス・オラトリオ》をきき、開始のティンパニをきいただけで、特定の喜びを覚えていたとあるのを読むと、この人の中に流れていた「ドイツの血」、それが彼の音楽にどう生きていたかについて、もう一度考えてみる必要さえ感じる。

リヒテルは、自分は「ベートーヴェンのソナタ［でさえ全三十二曲中（吉田挿入）］は二十二曲しかひかない。ショパンの練習曲なんてひこうと思わない。しかし《平均律クラヴィーア曲集》全二巻は全部ひく」と力をこめて書いており、事実、この二巻は今もCDとして生きている。最初のハ長調の前奏曲から最後のロ短調のフーガに至る四十八曲は、彼が絶えず大切にしていた音楽だった。私はそれを今も、時々、とり出してきてきく。全曲を通してきくことはないが、それでも、ききはじめると一曲か二曲きいただけでやめるという気にはとてもなれない。グールド的理性的構築性としての構図にしたがって続けてきくなどというわけにはいかないが、私は私なりに、幾つもの曲をとり出して来て、いろいろと組み合わせてみて、その面白みをたっぷり味わうことはできる。

リヒテルの七二年のノートから拾えば、

「バッハ《平均律、二十四の前奏曲とフーガ》第一集。録音は多分第二集よりもうまくいっている。第二集では一番重要な曲、つまり前奏曲とフーガ変ホ短調と嬰ヘ短調、そして見事な変ロ短調がいちばん出来が悪く良心が咎めている」

第一巻ハ長調の前奏曲を、リヒテルできいていると、ともすればハーモニーの流れの深さと快さの中で酔ってしまう。それと逆なのがエトヴィン・フィッシャーの演奏。何年の録音だったか忘れたが、これはギーゼキングやシゲティらの「新古典主義」のそばで仕事をしていた人としての彼の面が裸で出たようなひき方で、一点の澱《よど》みもなくさらさらと流れる小川のよう。

逆に動いているかいないかわからないような静けさの中で、ゆっくり手足を伸ばしているのがロザリン・テューレック。グールドは彼女からいろいろと影響を受けたと自認していた。彼女の弾き方は概してテンポもおそく、グールドよりきらびやかなタッチや刺激性にも乏しく、それだけにきっちりと規範的にひいているが、それでもこの人の陰影のつけ方には時々ハッとさせられる。

もう一人の女性アンジェラ・ヒューイットというピアニストも好ましいバッハをひく。というより私は彼女はバッハのCDでしか知らないのだが、大きな目をパッチリ開けて、考えたことを正面からはっきりいう人のような演奏をする。それは《ゴルトベルク》で、舞曲に源泉を持つ変奏のときはその根本のスタイルを保存するように慎重にひいているのを見ても、よくわかる。その点で、これは教養人の演奏ともいえよう。頭脳明晰の美人で腕もすごく達者。とはいえ、一種の優雅と詩情あふれる演奏もする人であることは、彼女の《フランス組曲》などをきくとよくわかる。繰り返しを丁寧にやり――リヒテルが喜ぶだろう――二度目は少し弱く、より秘めやかにひくが、そういう時でも明晰さはちっとも変わらない。そうして、この人の場合も、Ａ・シフやポゴレリチ、Ｐ・ゼルキンといった人たち同様、グールドなしにはありそうもないひき方があるような気がする。だからといって、彼女は決してグールドの模倣者でも亜流でもないのだ。この人には、《平均律》二巻、《パルティータ》全曲、《二声と三声のインヴェンション》などのＣＤがあり、私はまだその全部を綿密にくりかえしきいたわけではないが、なぜ日本盤はないのか不思議に思う。

《パルティータ》では、第一番にこれまでいろんな人の名盤があり、中でもリパッティのが有名だが、ショパンの気に入りそうな抒情的な、よく歌うバッハ。

リパッティはリヒテルも気に入っていた。ある日の書きこみに曰く、

「《パルティータ第一番変ロ長調》

１　アナトーリ・ヴェデルニコフ

２　グレン・グールド

３　ディヌ・リパッティ

バッハのパルティータ演奏を課題に自宅でささやかなコンクール。パルティータ全曲中最も素晴らしいのは間違いなく変ロ長調の曲。

ヴェデルニコフ。完全にすべて弾かれたバッハ。何より音楽こそが第一。

グールド。もっとも華麗な演奏、特徴ある音色。ピアニスティックな要素を第一義とする（繰り返しをやらない、これはよくない）。

リパッティ。栄冠は彼に」

リヒテルはここでもグールドを主として才気満々な華麗な技巧の持主としてみているようだ。私たちがきくと、音色こそがグールドのピアノ演奏の中でいちばん地味だった側面だと思えるのだが。専門の大家は違った聞き方をするものだ。

それにしても、リヒテルのさまざまの演奏に関するノートは本当に面白い。今世紀を飾る名音楽家の演奏について巧みに本質を指摘する驚くべき知性の高さもさることながら、中には一言で「人生の味わい」を感じさすものも少なくない。例えば、

ムラヴィンスキーがレニングラード・フィルを相手にショスタコーヴィチの第六交響曲をはじめ、ストラヴィンスキー、チャイコフスキー（《フランチェスカ・ダ・リミーニ》）を指揮した音楽会について、

「ムラヴィンスキーとショスタコーヴィチは互いになくてはならぬ関係だ。この比類のない猛烈な六番の交響曲をこういう演奏で再び聴けるとは何という喜び！（中略）

……チャイコフスキーはちっとも良くなかった。オーケストラは音楽への深い洞察を何ら示すことなく咆哮するばかり。曲そのものは唖然とするような美しさを持っているのに……（これは決してエフゲーニー・アレクサンドロヴィチ向きの曲ではないと思う）。

ムラヴィンスキーは疲れた顔をして、ずいぶん老けた……。彼の人生もまた容易なものではなかったのだ」

こういう言葉は特定の誰々の話ということを越えて、読み手の心の底までとどくものを持っている。

# クリスマスのJ・S・バッハ

バッハの曲の演奏の仕方というものは、実にいろいろだ。ことに近年は、こんなに違うやり方があるのかと唖然とすることがある。そういうのをきいていると、かつて、グレン・グールドのひく《ゴルトベルク変奏曲》でびっくりしたのが、昔の夢のような気さえする。

この間『パリ左岸のピアノ工房』(T・E・カーハート著、村松潔訳、新潮社。これはピアノをめぐる実におもしろい本で、ピアノが好きな人には是非読んでみることをおすすめする)を読んでいたら、その中に、《平均律クラヴィーア曲集》の一曲をひいてみるシーンがあり、それに因んで、かつてランドフスカがテューレックのひくバッハをきいて、「あなた方はあなた方の流儀でバッハをひくがいい。私はバッハの流儀でバッハをひく」といったというエピソードが引用されていた。興味深い話であり、忘れられない言葉である。

テューレックのひくバッハ――私は《平均律クラヴィーア曲集》と《ゴルトベルク変奏曲》のCDをきいただけだが――は、なぜか日本ではあんまり評判にならないようだけれども、アメリカではバッハ演奏のひとつの権威とされていたというだけあって、実にたくさんの独創性と研究の跡から生まれた演奏がきける。

《平均律》の前奏曲とフーガの一つ一つが、それぞれ、ほかと違った性格の音楽としてひきわけられている点も目立つが、その一曲一曲の中での各声部の「音楽的特徴」がはっきり浮き上がってくるようにひきわけている点など、よくもここまで区別してひけるものだと感心する。第一、第二巻のどの調性のどのフーガも、みんな違うのだ。それに、三声なり四声なり、幾つもの声部が重なりあう時にも、それぞれの声部が動き――出現から発展、解決、終結といった過程を経てゆく経過の中で――ほかの声部とはっきり区別がつくようにひきわけられている。また、楽節なり楽段なりがくりかえされる時には、そこに強弱のニュアンスの区別がつけてあって、先行するものと続くものとの間には、発声とそのエコーとでもいった形での関連がちゃんとついて聴こえるようにひかれている。こんな具合に、いろいろとこまかく書いてゆけばきりがないくらいの変化の妙が、ここには、くりひろげられているのである。

きいていて、あきない。

しかし、きいていて、感心しながらも、私は「こうもひけるわけだな」とは思うが、

「こうひかなければならないかどうか」はわからないと考えることも、しばしば、ある。

これは彼女の発見したバッハであり、「この演奏の道は彼女の開拓した、すごく、おもしろいことが見聞きできる道だ」とはいえても。

ランドフスカの前で彼女がひいたバッハが私たちの今CDできくことのできるバッハと同じものかどうかはわからないが、これほどの研究と精励、巧緻の演奏をなしとげた人の演奏が、時と場合でそうそう簡単に変わったり違ったりするとは考えにくい。細部はともかく、テューレックの独創性の根本は同じだろう。そのテューレックをきいて、ランドフスカが「あなたはあなた流のバッハをひく」といったのが、正確な評語であったことに疑問の余地はない。と同時に、ランドフスカは「私はこの人と同じようにはひけないし、また、ひく気もしない」と思ったのも、はっきりわかる。

問題は、しかし、ランドフスカが「私はバッハの流儀でバッハをひく」といったことを、私たちは、どう受け取るかである。

私は、一度書いたことがあるが、一九五三年ニューヨークで彼女のチェンバロ演奏をきいた。ニューヨークのある小さな――しかし、逸品、名品を幾つも展示しているので有名な――美術館の小さな広間の中央に大きな台をおき、その上に彼女の――あの幾つもペダルを備えつけた、比較的大きな――チェンバロをどかっと据え、その前に横長の椅子にしっかり腰を下ろして、それまで日の当たらないところにいたクープランその他のバロック音楽やロココ音楽の紹介者として、そうしていうまでもなく、バッハの鍵盤音楽の演奏者として並ぶもののないような名声をもっていた老いたる名手は、ラモーとかスカルラッティとかをひいたあと、最後にバッハをきかせてくれた。

その日彼女のひいたのはバッハの《半音階的幻想曲とフーガ》だった。しかし、――たしかフーガに入ってからだったと思う――彼女は途中でつかえてしまい、終りまではひけなかった。

あの時、ランドフスカの年は幾つだったのかしら?

「私は年をとった。今日はもうここまでしかひけない。失礼したい」と手短に挨拶して、彼女は退場していった。

その物腰の堂々としていたこと！　これも忘れられないものの一つとして、私の頭の中に残っている。

途中でやめはしたものの、彼女のバッハは実に、威厳といったらおかしいが、重々しい、品位にみちたものだった。

このことも、私は忘れられない。

五〇年代の末、グールドの《ゴルトベルク変奏曲》をきいて、私が受けとった感銘が「何とみずみずしい、自発性にみちたものだろう」というところから発したのも、このランドフスカの重々しいバッハが私の脳裏に深く刻みつけられていたからだろう。

グールドのバッハは、その対極にあった。
しかも、それはいいようのない「真実さ」をもったバッハであった。

演奏をきいて、私は感心したり、つまらないと思ったりする。でも、よほどのことがない限り、私は「これはバッハじゃない」とか「ベートーヴェンじゃない」といったふうには考えない。絶対にそう考えないというのではないけれど、予期していたのと違うものをきかされた時も、「こういうシューベルトもあるのか？」と考えたり、「ストラヴィンスキーはこれでもいいんじゃない？」と思ったりしながら、きく方が多い。

それにしても、バッハの音楽の演奏の仕方の変わり方はずいぶん突出しているのではあるまいか。別の言い方をすれば、バッハに関しては演奏の仕方の相違を許容する幅がずいぶん大きいのではあるまいか。

前にも書いたが、去年（二〇〇〇年）モンサンジョンの編集したリヒテルの映像と、本（『リヒテル』、中地義和・鈴木圭介訳、筑摩書房）が出た。

あれもショッキングなくらい、大きな驚きと感銘を与えた読み物、観物だった。
あすこに出てくるリヒテルの話したり書いたりしたもので、忘れられないものの数は少なくないが、彼が（「手帳」の中で）クリスマスにふれて、何度も書いているのが、私には、特に目についた。

リヒテルにとって、クリスマスは特別のものだったらしい。よく、家族一同、時にはそこに親しい友人も加わって、クリスマス・トリーの下で、祝っている記事が出てくる。

一九七〇年十二月二十五日

もう何遍私たちはクリスマスに集まってこの奇蹟のようなオラトリオをきいたことか！　恒例の行事になってしまった。

もうほとんど諳んじられるくらいよく知っているのに、いまだに曲の豊かさと美しさに魅せられ尽くすということがない。

冒頭のティンパニの打音からしてもう興奮してしまう。

一九七二年十二月二十七日

わが家の暮れの恒例の行事は続いている。またしても友人全員とバッハが勢ぞろいした。彼らはここで幾晩かにわたってクリスマスの夜を過ごすのが習わしだ。ニ長調の調性――このオラトリオの支配的調性――は、この喜ばしき祝いの日々を軽快さと、青緑がかった色調でくるんでくれる。

一九七五年十二月二十四日クリスマスの晩

伝統行事は続く。クリスマスにまたバッハを聴く。またしてもティンパニの響き。フィッシャー＝ディースカウの二長調のアリア。第二部幕開けの牧歌、これは永遠の子守歌だ。テノールの歌う心打つアリア。児童合唱のあと、トランペットがフィナーレを締め括る。樅の木（今年は小ぶりだが、緑色の電球がたくさんついている）。準備の済んだテーブル、招待客……。あとはご想像にお任せすることにしよう。

クリスマスに関する記事はまだあるが、引用はこれで充分だろう。リヒテルにとって、クリスマスがどんなに「心からの」お祝いであったか。また、いかに彼が、それを自分一人のものとせず、多くの友といっしょに祝う行事にしていたかが、よくわかる。ついでながら、私もこの曲で冒頭のティンパニの連打にはきくたびに大きな印象を受ける。リヒテルのいう通りだ。心から同意した。

私の引用した年では、フィッシャー＝ディースカウの名しか出て来ないが、ほかの年のそれをみれば、彼が好んできいたのはカール・リヒターの指揮した盤であることもよくわかる。

とにかく、リヒテルの手記に出てくるようなクリスマスの祝い方は、ドイツの家庭におけるクリスマスの祝い方をそのまま伝えている。ということは、いかにスヴャトスラフ・リヒテルという人がドイツの市民階級の伝統に深く根ざした中で形成されていたかを証拠立てるものといってもいいだろう。それは、単に彼がドイツ人の父を持っていたとか、彼の母親がのちドイツに亡命したとかいった事実よりも、もっと「精神的な意味」で重要なことだと思う。もちろん、だからといって、私は彼がドイツ人だといっているわけではないし、彼の演奏にはロシア人にしかないような、すごいデモーニッシュなものが――特に出発当時は――少なくない。

リヒテルだけでなく、ソ連の音楽家たちにとっても、バッハの音楽は特別な重要性をもっていたらしくはある。ソ連には深いバッハ演奏の伝統があり、あすこからは傑出したバッハ弾きが出て来ていた。それは演奏家ばかりでなく、ショスタコーヴィチの例をみてもわかるように、作曲家の形成にとってもバッハの摂取は重要な意味をもっていたらしくもある。

それはショスタコーヴィチ作曲の《前奏曲とフーガ》といった特別の例にみるまでもなく、もっと音楽の普遍的で基本的な在り方として、彼らにとってのバッハはあったといってもいいのではあるまいか。

しかし、そのバッハのひき方はどういうものだったか。ニコラーエヴァの演奏できくバッハの《平均律》とか《インヴェンション》とかは、私にとっては、一昔前のロマン主義的バッハの像の――少なくとも名残りを、かなり濃く反映したもののようにきこえるのである。ある時、私は未知の方から、これこそソ連の最も代表的で重要なピアニストのひく《平均律》ですといって、あるCDを送られたことがある。しかし、その第一曲をきいた時、――ピアノ演奏のテクニックとしてはすばらしいものらしいが――「今のバッハ」をききなれた耳には、バッハよりむしろラフマニノフをひくにふさわしいようなひき方と聞えたのだった。

私の家庭でも、実は、ささやかながらクリスマスの三日間は夫婦二人で心ゆくまで、静かに祝う習慣がある。そうして、その時はカール・リヒター指揮の《クリスマス・オラトリオ》のCDをかける慣例ができ上がっている。リヒターをきいて、もう何年になるか。その間、ほかの演奏が幾つも出たし、その中のあるものはきいてもみた。しかし、それなりにおもしろいものはあったにせよ、クリスマスの前夜から、家の中で飾ったささやかなトリーの下に坐ってきく時には、やっぱりリヒターの盤をかけることになるのだった。

ところが、今年は違った。

リヒターのが整然とした考えの一貫する、見事に訓練され、統一されたスタイルの演奏で、きいていての充実感と知的な清潔さとの両者を兼ね備えたりっぱな演奏だとは、これまでと全く同じように、思ったのは事実なのだが、その整然たる清潔で知的な感じが、どこかで、自分の「今」イメージしつつあるクリスマスにぴったりしなくなっていたのである。両者の間に、僅かだが隙間がある。

私はそういう自分に驚き、たとえ自分がどう感じようと、リヒターのは非難の余地のない首尾一貫した音楽の論理と心理で組み立てられた立派な演奏だと認めながらも、どうして、そうなるのか？　不思議に思い、答えを探そうとつとめた。その揚句、今年は《クリスマス・オラトリオ》はあきらめて、同じバッハの音楽でもカンタータをきこうと思い直した。

私はケヴィン・マロンのアラディア・アンサンブル（Kevin Mallon, Aradia Ensemble）の演奏でカンタータ第三六、一三二、六一番をきき、それからガーディナー指揮のカンタータ第六三、六四、一二一番をきいた。前者はナクソス・レコードの八・五五四八二五であり、後者はアルヒーフUCCA一〇〇八となっている盤だ。

この二つの盤には、リヒターのものとの間に、どちらも目の覚めるような大きな違いをもった演奏があった。

両者とも、いうまでもなく、いわゆる古楽器演奏のスタイルではあるが、アラディア・アンサンブルのは比較的小人数の演奏なのだろう。余り大きくない部屋の中できくような小柄な明晰さをもち、まず、軽快敏捷な美しさできくものを魅惑する。カンタータ第三六番の出だしの合唱では、各声部がそれぞれ一人で分担されているかのような薄さであり、ただきくだけで音楽の組織が底まで透き通ってみえてくるような感じである。昔グールドで《ゴルトベルク》を初めて耳にした時も、まず、その響きの薄いのに注意をひかれた経験を思い出した。

私はここで演奏しているアラディア合奏団についても、マロンという人についても、何の知識も持ち合わせていない人間で、彼らの精神的音楽技術的背景がどんなものか全く知らない。しかし、このバッハは、きくものを何か重いものから解き放つ働きを持っている。そうして、私には、今、この時点で、それが快い。「今、この時点で」というのは、実は、例の二〇〇一年九月十一日のニューヨークでの出来事があって以来、私には「宗教」にかかわることがらで、どこかの民族が——つまり何かの信仰をもつ集団が——「自分こそ神に選ばれた民である。神は我々を加護し、救ってくれる」という信念を高らかに唱えるようなものにぶつかる時、それを抵抗なく受けとることはもちろん、きき流すことも、非常にむずかしくなって来ているのである。そういう時、この人たちの歌うバッハに遭遇すると、歌詞がどうあれ、そこに選民意識のニュアンスを感じる余地のないのに、救われる気がするのである。

そうして、人間が苦しみの中にいるのは、どんな世にも変わらないのだし、そこに私たちの罪を償うために一身を犠牲に差し出す人がいたという事実に感動を覚え、それを讃え、その人に祈るのは、当たり前のことなのだから。

だが、それはそれとして、このアンサンブルの軽さは何ということだろう！二曲目のBWV一三二で、始まるとすぐ、ソプラノ・ソロのアリアがあり、「道を用意しよう、そうして信仰と愛の中で橋を作ろう」と彼女が歌う時、器楽の伴奏の軽やかな弾力にみちた歩みにのって、ソプラノが跳ね上るようにして、レガートをほとんど全く除いたような一音一音を区切った、アレグロで、歌うのをきくのは、本当に大きな喜びとなる。

これに対して、ガーディナーがモンテヴェルディ合唱団とイングリッシュ・バロック・ソロイスツその他の人たちといっしょに演奏した四曲のクリスマス・カンタータでは、まず、訓練に訓練を重ねた末の卓抜な技術的達成に、改めて、注目しないではいられない。

第一曲第六三番はクリスマス第一日用のカンタータ《キリスト者よ、この日を刻み込め》の合唱で始まるのだが、力強く速めのテンポで、文字通り時間を刻み込むような一拍一拍強いアクセントで歌われたあと、第二曲はアルトのレチタティーヴォで〈ああ、幸いな日よ、類なき日よ〉のテクストがきかれるのだが、これは、ほとんど「神秘的」といってもいいような弱音とゆるやかなソステヌートの歩みで進む。そのあと始まるオーボエのソロとバスの進行。こういった幾つかの対比は鮮やかで、強い造形性でもって奏される。

すごい「表現性」であり、ほとんど演劇的といってもよいような設計がその背後にあるのがわかる。この曲は七つの部分から出来ていて、その第一と第七——つまり両端楽章——は合唱。第二と第六はレチタティーヴォ。第三と第五は二重唱、そうして、中央の第四もレチタティーヴォという扇形の構成をなしているのだが、第一レチタティーヴォ（ソプラノ）と、それに続くソプラノとバスの二重唱は、両方とも、今いった神秘を秘めたピアニッシモの領域で終始する。テクストからいっても、これは「不安」の時、救いを待望する時。

このあと第四のテノールのレチタティーヴォは、その不安を一掃する変化、悩みから救いへの転換の時が刻まれる。そうして、つぎのアルトとテノールの二重唱は「天に向かって叫び、求めるがいい。神の情愛が私たちを育てる」と告げる。続くバスのレチタティーヴォが「熱い祈りの炎よ、天に昇り、神にその御業を感謝せよ」と述べたあと、最後の合唱が来て「いと高き天にいる人よ、私たちの感謝を快く響かせて下さい」と叫ぶ。

ガーディナーはこういう構造に沿って、全曲を組み立てる。しかし、昔なら、もっと、壮大重厚な終結にもっていってもおかしくなかったろうに、ここではかなり抑制的な喜びが長く続き、最終に向かって金管の合図に続いて盛り上がりはあるにはあるけれども、それも一途に盛り上がるというのから遠く、何度か、身をかがめるような弱音の領域に踏み込んでは、また盛り上がるという経過をくりかえす。

私は、このカンタータＢＷＶ六三番の演奏に、これまでどんな伝統的なやり方が積み重ねられてきたのか、よく知らない人間である。しかし、ガーディナーの、以上みたような構造的な設計を重視するやり方は、作品の在り方からみて、それほど独創的なものという印象を与えるものではない。ただ、強い時は、かなりきつく叩くようなフォルテでリズムを刻むのに対し、弱音の時の神秘的なヴェールをかぶって、仄暗い谷間を歩くような感じの与えかた、その時の声（人声）のソット・ヴォーチェでの歌わせ方などは、これまでの――たとえばリヒターの強と弱との対比の作り方とはずいぶん違って、より中間色の多い、ニュアンスにとんだ響きを重視したやり方のように思う。

それだけ、リヒターのはより精神的だった音が、ここでは、もっと感覚的に複雑で、重層的な響きの重視に変わっているようにきかれる。

テンポの扱いも、それに応じて、より変化にとんでいるのではあるまいか。もちろん、古楽器派の特徴であるフレーズの切り方がより細かく短かく、長い旋律を延々ときかせるといった様式ではなくなっていることは、あえて、書くまでもないだろう。

それにしても、以上の人たちできくバッハは、それぞれずいぶん違ってきこえてくる。ガーディナーでベートーヴェンをきく時は、とても、こんな柔らかで陰影にとんだものとは思わなかったが、バッハでは彼はよりきめこまかく、しかも自由に、音楽を運んでいるように見える。

全体として、ガーディナーのは非常に明敏で、歯切れの良いスタイルである。それも悪くはない。しかし、私には、どこかで、しっくりしない感じ、坐り心地の悪い感じが残る。これは何年か前、彼の指揮で《クリスマス・オラトリオ》をきいた時も感じたところである。そうして、私は、そのために、つぎの年のクリスマスにはこれを使わなかった。今年のクリスマス・カンタータのCDも、果たして来年またきくかどうか、わからない。

●解説――

# バッハを語る「私」の響き

小池昌代

吉田秀和はかつてNHKの番組に出演し、「音楽を言葉に直すのはほんとに難しいんですよ」と語っている。続きがあって、「だからみんなの経験に即したようなものに言いかえないといけない……」。

わかりにくい言い方だ。「みんなの経験に即したようなもの」ってどういう意味だろう。音楽批評の「言葉」は、上から蓋をするように何かを規定することではなく、あくまでも、音楽を聴く人々の時間に沿うものでありたいということか。そうだとすれば、吉田秀和は言葉を書いたが、実は言葉で演奏する人だったのだと思う。

そもそも音楽は、言葉でないもの――音とリズムによって人間の心をゆさぶる。文学批評だったら、言葉で書かれたものを言葉で評するわけで、立つところは同じだが、音楽批評においては、受け止めた音を、評者が一旦、言葉に翻訳し、その言葉をもってさらに思考を推し進めていかなければならない。「音楽の状態」は、言葉を使って構築する世界よりも、原初的で抽象的、高次元で純粋なものだと私は思うが、音楽批評はそこへ、わざわざ言葉を使って至ろうとするわけで、改めて考えると、因果な商売だと思わないわけでもない。もしかしたらそこには、言葉を使いながらその言葉を無にして音楽そのものへ戻りたいという、矛盾した、無意識の欲望が渦巻いていたかもしれない。音から言葉へ。言葉から音へ。その変換のところで何が起きているのかは、読者には見えないし、もしかしたら書き手にも意識できない。

だからこそ音楽批評というものは、ときどき胡散臭く、極めて主観的にみえ、本当にそうなのだろうかというわずかな疑義が、抑え込んでも、常にわいてくる。揺れやまぬ言説、それが音楽批評だとすれば、逆に吉田秀和の書くもののなかにある、信頼性と説得力はどこからくるものだろう。

クラシック音楽、なかでもとりわけバッハの音楽を、私たちは究極の喜びとして聴きながら、同時に単なる愉楽でなく、存在の深みのようなところで受け止めているだろう。バッハの音楽は、ロマン派の音楽を聴くときのようには、感情が揺さぶられることがない。むしろこちらの生々しい感情が、紙束でもそろえるようにとんとんと整えられていく。数に支配された極めて構造的・秩序的な音楽であるが、インヴェンションにしろ、ブランデンブルクにしろ、聴いていると（弾いていても）、命の底がふつふつと沸騰してきて、体が前のめりになり、歓喜という言葉がふさわしいような、大きなよろこびに包まれる。

私は大学にあった弦楽合奏団で、ブランデンブルク協奏曲の、三番と五番を弾いたことがある（ヴィオラで参加。そのときの指揮者は、まだ音大に在学中の大友直人さんだった）。いずれも私には、走り出したら止まれない、心が異様に踊る曲だが、吉田秀和はブランデンブルク協奏曲を第六番から親しみ、この六番を「私は本当に好きだった」と書いている。好きだった女の思い出を吐露しているような言い方で、思わず微笑んでしまう。だが六番は本当に地味な曲。そういうものを好きだと言う吉田秀和のほうに興味がわいた。

バッハの音楽は不思議だ。ブランデンブルク協奏曲にしても、聴くと学生時代のことが懐かしく思い出されるというわけでもない。音楽にはそうして記憶に働きかけるところがあるのは確かだけれど、バッハの場合、果敢に現在を新しくするところがあり、今、バッハの音を浴びている幸福感のほうが圧倒的なので、過去を振り返るという感傷は飛ぶ。聴いていると、もやもやとしていたものの輪郭が段々とクリアになって、存在自体が目覚めてくる感じだ。そうした感興に宗教的経験を重ねてみるのはたやすいけれど、私は、東洋の日本という国で生きていて、キリスト教の信者でもなくむしろ仏教に親しみを感じ、聖書を通して読み込んだこともない。こういう人間が、パイプオルガンで「トッカータとフーガ」とか、あの「マタイ受難曲」などを聴くと、うちのめされる。ぞっとして怖くなる。逃げ出したくもなるのである。あの響きこそ、押しても引いても簡単には動かない、腐らぬ石の文化、ヨーロッパ文明の響きではないか。

近代以降、実に多くの文人・研究者たちが、異文化と衝突し、傷を負いながら創作し思考し研究を積み重ねてきた。夏目漱石、金子光晴、森有正、阿部謹也……。はじかれ傷を負い苦闘した人間の言葉は信じられる。阿部謹也は書いている。ドイツに渡って間もないある日、ヴェストファーレン州の小さな町、イザローンの石畳の道を散歩していたときに、突然、頭の上で鐘が響き渡った。それがあちこちで鳴り始めたとき、初めて「日本とは異質な土地ヨーロッパへ来たのだという実感をもった」と（「自分のなかに歴史をよむ」）。その鐘の音の根っこに、私はパイプオルガンの大音量を重ねて思う。すると私自身の記憶のなかの鐘も、あちらこちらから一斉に鳴り出す。バッハのオルガンは、この世界に鳴り響く不敵で重厚な鐘なのではないか。

本書冒頭に置かれたエッセイを読むと、吉田秀和にバッハを教えたのはピアノを弾いた母らしい。「母は私にバッハの《インヴェンション》を繰り返し弾くことを教えてくれた」と書いている。東京日本橋生まれの江戸人・吉田秀和。彼のなかにも見えない相克があったのではないだろうか。

なお本書には、リヒターを始め、若い世代にはなじみのない名指揮者・名演奏家が名を連ねている。読むと聴きたくなるのは当然のこと。ＣＤ・ＤＶＤは入手困難でも、現代にはユーチューブを始めとして様々な映像媒体もあるから、探して聴きながら本書を読んでみたい。耳を傾けながら文字を追うと、意味より前に入ってくるものがあり、あとからゆっくり到着する意味がある。読むことと書くことと聴くことと。本来はばらばらなそれを稀いまれな求心力でひとつにしようとした人、吉田秀和が語るバッハのなかに、他ならぬ著者自身が見えてくる。

（詩人・作家）

◉初出一覧——

「バッハの「数と神秘」」（『朝日新聞』一九八五年三月一五日付）

「ロ短調ミサ曲」（『芸術新潮』一九七四年一二月号）

「マタイ受難曲」（『新女苑』別冊付録「世界の音楽」より 一九四八年？）

「リヒター／ミュンヒェン・バッハの残したもの」（『朝日新聞』一九六九年五月一六日付）

「マタイ受難曲」（『レコード芸術』一九八五年五月号）

「《目覚めよと呼ばわる声す》」（『芸術新潮』一九六七年四月号）

「アリア集」（『レコード芸術』一九九九年一二月号）

「管弦楽組曲第二番ロ短調」（『新女苑』別冊付録「世界の音楽」より 一九四八年？）

「「最高」のバッハ」（『芸術新潮』一九六九年一月号）

「マリナーと室内合奏団の《ブランデンブルク協奏曲》」（フィリップス・レコード LP［SFX八五〇七〜八］ライナーノーツ 一九七二年）

「ティボール・ヴァルガ讃」（『レコード芸術』一九九四年一月号）

「シェリングとヴァルヒャ」（フィリップス・レコード LP［SFX七八四六〜七］ライナーノーツ 一九七〇年）

「平均律クラヴィーア曲集」（『新女苑』別冊付録「世界の音楽」より 一九四八年？）

「エトヴィーン・フィッシャーのバッハ」（『ステレオ芸術』一九七五年三月号／モーツァルト、ベートーヴェンの部分を削除）

「平均律クラヴィーア曲集（第一巻）」（日本コロムビア LP［OS二八〇八〜一〇］ライナーノーツ 一九七三年）

「平均律クラヴィーア曲集（第二巻）」（『ステレオ』一九七四年六月号）

「幾通りかのバッハ」（『レコード芸術』一九八二年四月号）

「グールドの《ゴルトベルク変奏曲》によせて」（日本コロムビア LP［OL二〇八］ライナーノーツ 一九六五年）

「ピノックの《ゴルトベルク変奏曲》」（『レコード芸術』一九八一年五月号）

「パルティータ（全六曲）」（『レコード芸術』一九八五年一月号）

「イタリア協奏曲」（『レコード芸術』一九九四年一〇月号）

「構造と旋律のあいだで」（『芸術新潮』一九六九年一〇月号）

「無伴奏ヴァイオリンのためのソナタとパルティータ」（『レコード芸術』一九八五年七月号）

「マイスキーのチェロ」（『朝日新聞』一九八六年六月一七

日付）
「無伴奏チェロ組曲」（『ステレオ芸術』一九八〇年一二月号）
「無伴奏チェロ組曲」（『レコード芸術』一九九六年二月号）

＊以下増補――

「カール・リヒター――《マタイ受難曲》のことはまだとても書けないけれど」（『レコード芸術』一九六九年三月号／『吉田秀和作曲家論集・6　J・S・バッハ、ハイドン』音楽之友社、二〇〇二年六月）
「ブランデンブルク協奏曲（全曲）」（『レコード芸術』一九九七年八月号／同前）
「ピアノでバッハを弾いた人たち」（『レコード芸術』二〇〇〇年十二月号／『之を楽しむ者に如かず』新潮社、二〇〇九年九月）
「クリスマスのJ・S・バッハ」（『レコード芸術』二〇〇二年二月号／同前）

＊本文庫は、『吉田秀和作曲家論集・6　J・S・バッハ、ハイドン』（音楽之友社、二〇〇二年六月刊）より、バッハに関する文章のうち二十六本をまとめた『バッハ』（河出文庫、二〇一九年三月刊）に新たに四本（前頁参照）を追加した増補版です。（レコード、CD等の番号、及び廃盤といった情報は当時のものなので、現況はネットやCD店他でご確認下さい。）

# バッハ〈増補《ぞうほ》版《ばん》〉

二〇一九年 三 月二〇日 初版発行
二〇二三年 四 月一〇日 増補版初版印刷
二〇二三年 四 月二〇日 増補版初版発行

著 者 吉田《よしだ》秀和《ひでかず》

発行者 小野寺優
発行所 株式会社河出書房新社
〒一五一-〇〇五一
東京都渋谷区千駄ヶ谷二-三二-二
電話〇三-三四〇四-八六一一（編集）
〇三-三四〇四-一二〇一（営業）
https://www.kawade.co.jp/

ロゴ・表紙デザイン 粟津潔
本文フォーマット 佐々木暁
本文組版 株式会社ステラ
印刷・製本 中央精版印刷株式会社



Printed in Japan ISBN978-4-309-41956-5

## 決定版　マーラー

吉田秀和　41711-0

2011年オリジナル文庫の増補新装版。新たに「マーラー、ブルックナー」「マーラーの新しい演奏」「五番　他　シノーポリ」「菩提樹の花の香り」など五篇を追加。

## フルトヴェングラー

吉田秀和　41927-5

2011年初版の新装版。ベートーヴェン、ブラームス、ブルックナーなどの演奏論。巻末に『LP300選』に掲載されたレコード表に基づくCD一覧を増補。著者没後10年を期して。解説＝片山杜秀。

## グレン・グールド

吉田秀和　41683-0

評価の低かったグールドの意義と魅力を定め広めた貢献者の、グールド論集。『ゴルトベルク』に始まるバッハの他、モーツァルト、ベートーヴェンなど、多角的に論じる文庫オリジナル。

## カラヤン

吉田秀和　41696-0

今こそカラヤンとは何だったか、冷静に語る時。適任はこの人をおいていない。カラヤンの、ベートーヴェン、モーツァルト、ワーグナー、オペラ、ブルックナー、ドビュッシー、新ウィーン学派……。

## ホロヴィッツと巨匠たち

吉田秀和　41714-1

圧倒的な技巧派・ホロヴィッツの晩年公演を「ひびの入った骨董品」と称し名声を高めた吉田秀和。他、著者が愛した名ピアニスト３人——ルービンシュタイン、リヒテル、ミケランジェリに関する一冊。

## ブラームス

吉田秀和　41723-3

ブラームスの音楽の本質・魅力を、ブラームスの人間像も含めて解き明かす。交響曲、協奏曲、ピアノソロ、室内楽等々、幾多の名曲と名演奏を味わう、ブラームス鑑賞の決定版。文庫オリジナル。

## クライバー、チェリビダッケ、バーンスタイン

吉田秀和　41735-6

クライバーの優雅、チェリビダッケの細密、バーンスタインの情動。ポスト・カラヤン世代をそれぞれに代表する、３人の大指揮者の名曲名演奏のすべて。

## ベートーヴェン

吉田秀和　41741-7

「ベートーヴェンの音って？」から、ソナタ、協奏曲、交響曲について、さまざまな指揮者、演奏家の解釈を通じて、ベートーヴェンとは何かを味わう。文庫オリジナル編集。

## 私のモーツァルト

吉田秀和　41809-4

吉田秀和がもっとも敬愛した作曲家に関するエッセイ集成。既刊のモーツァルトに関する本には未収録のものばかり。モーツァルト生誕230年記念。長文の「私が音楽できいているもの」は全集以外初収録。

## 中世音楽の精神史

金澤正剛　41352-5

祈りの表現から誕生・発展したポリフォニー音楽、聖歌伝播のために進められた理論構築と音楽教育、楽譜の創造……キリスト教と密接に結び付きながら発展してきた中世音楽の謎に迫る。

## 西洋音楽史

パウル・ベッカー　河上徹太郎〔訳〕　46365-0

ギリシャ時代から二十世紀まで、雄大なる歴史を描き出した音楽史の名著。「形式」と「変容」を二大キーワードとして展開する議論は、今なお画期的かつ新鮮。クラシックファン必携の一冊。

## ユングのサウンドトラック

菊地成孔　41403-4

気鋭のジャズ・ミュージシャンによる映画と映画音楽批評集。すべての松本人志映画作品の批評を試みるほか、町山智浩氏との論争の発端となった「セッション」評までを収録したディレクターズカット決定版！

## 憂鬱と官能を教えた学校 上 【バークリー・メソッド】によって俯瞰される20世紀商業音楽史　調律、調性および旋律・和声

菊地成孔／大谷能生　41016-6

二十世紀中盤、ポピュラー音楽家たちに普及した音楽理論「バークリー・メソッド」とは何か。音楽家兼批評家＝菊地成孔＋大谷能生が刺激的な講義を展開。上巻はメロディとコード進行に迫る。

## 憂鬱と官能を教えた学校 下 【バークリー・メソッド】によって俯瞰される20世紀商業音楽史　旋律・和声および律動

菊地成孔／大谷能生　41017-3

音楽家兼批評家＝菊地成孔＋大谷能生が、世界で最もメジャーな音楽理論を鋭く論じたベストセラー。下巻はリズム構造にメスが入る！　文庫版補講対談も収録。音楽理論の新たなる古典が誕生！

## M／D 上　マイルス・デューイ・デイヴィスⅢ世研究

菊地成孔／大谷能生　41096-8

『憂鬱と官能』のコンビがジャズの帝王＝マイルス・デイヴィスに挑む！東京大学における伝説の講義、ついに文庫化。上巻は誕生からエレクトリック期前夜まで。文庫オリジナル座談会には中山康樹氏も参戦！

## M／D 下　マイルス・デューイ・デイヴィスⅢ世研究

菊地成孔／大谷能生　41106-4

最盛期マイルス・デイヴィスの活動から沈黙の六年、そして晩年まで——『憂鬱と官能』コンビによる東京大学講義はいよいよ熱気を帯びる。没後二十年を迎えるジャズ界最大の人物に迫る名著。

## ヒップホップ・ドリーム

漢 a.k.a. GAMI　41695-3

マイク１本で頂点を競うヒップホップの精神とそれを裏切るシーンの陰惨なる現実。日本語ラップを牽引するラッパーが描く自伝的「ヒップホップ哲学」に増補を加え、待望の文庫化！

## 『FMステーション』とエアチェックの80年代

恩藏茂　41838-4

FM雑誌片手にエアチェック、カセットをドレスアップし、読者欄に投稿——あの時代を愛する全ての音楽ファンに捧ぐ！　元『FMステーション』編集長が表も裏も語り尽くす、80年代FM雑誌青春記！

## 服は何故音楽を必要とするのか?

菊地成孔　41192-7

パリ、ミラノ、トウキョウのファッション・ショーを、各メゾンのショーで流れる音楽＝「ウォーキング・ミュージック」の観点から構造分析する、まったく新しいファッション批評。文庫化に際し増補。

## 20世紀ファッション

成実弘至　41791-2

20世紀、ファッションは何をなし遂げたのか。どう発展し、社会や身体とかかわってきたのか、その創造性を問う、まったく新しいファッション文化史。ポワレからマルジェラまで10人を取り上げ考察する。

## アーティスト症候群　アートと職人、クリエイターと芸能人

大野左紀子　41094-4

なぜ人はアーティストを目指すのか。なぜ誇らしげに名乗るのか。美術、芸能、美容……様々な業界で増殖する「アーティスト」への違和感を探る。自己実現とプロの差とは？　最新事情を増補。

## バレリーナ　踊り続ける理由

吉田都　41694-6

年齢を重ねてなお進化し続ける、世界の頂点を極めたバレリーナ・吉田都が、強く美しく生きたいと願う女性達に贈るメッセージ。引退に向けてのあとがき、阿川佐和子との対談、槇村さとるの解説を新規収録。

## 独裁者のデザイン

松田行正　41894-0

いま、一人の「独裁者」が世界の地図を変えようとしている——独裁者たちは、プロパガンダを駆使してどのように大衆を踊らせ、抑圧して行ったのか？　その手法を「デザイン」の観点から見直す必読の書！

## デザインのめざめ

原研哉　41267-2

デザインの最も大きな力は目覚めさせる力である——。日常のなかのふとした瞬間に潜む「デザインという考え方」を、ていねいに掬ったエッセイたち。日本を代表するグラフィックデザイナーによる好著。

## 空間へ

磯崎新 41573-4

世界的建築家・磯崎新。その軌跡の第一歩となる伝説の単著がついに文庫化。一九六〇年代を通じて記された論文・エッセイをクロノジカルに並べ、状況と対峙・格闘した全記録がここにまとまる。

## 都市のドラマトゥルギー　東京・盛り場の社会史

吉見俊哉 40937-5

「浅草」から「銀座」へ、「新宿」から「渋谷」へ——人々がドラマを織りなす劇場としての盛り場を活写。盛り場を「出来事」として捉える独自の手法によって、都市論の可能性を押し広げた新しき古典。

## 「声」の資本主義　電話・ラジオ・蓄音機の社会史

吉見俊哉 41152-1

「声」を複製し消費する社会の中で、音響メディアはいかに形づくられ、また同時に、人々の身体感覚はいかに変容していったのか——草創期のメディア状況を活写し、聴覚文化研究の端緒を開いた先駆的名著。

## サイバースペースはなぜそう呼ばれるか＋　東浩紀アーカイブス2

東浩紀 41069-2

これまでの情報社会論を大幅に書き換えたタイトル論文を中心に九十年代に東浩紀が切り開いた情報論の核となる論考と、斎藤環、村上隆、法月綸太郎との対談を収録。ポストモダン社会の思想的可能性がここに！

## メディアはマッサージである

マーシャル・マクルーハン／クエンティン・フィオーレ　門林岳史〔訳〕 46406-0

電子的ネットワークの時代をポップなヴィジュアルで予言的に描いたメディア論の名著が、気鋭の訳者による新訳で、デザインも新たに甦る。全ページを解説した充実の「副音声」を巻末に付す。

## ベンヤミン　メディア・芸術論集

ヴァルター・ベンヤミン　山口裕之〔訳〕 46747-4

いまなお新しい思想家の芸術・メディア論の重要テクストを第一人者が新訳。映画論、写真論、シュルレアリスム論等を網羅。すべての批評の始まりはここにある。「ベンヤミン・アンソロジー」に続く決定版。